高职高专汽车专业系列教材

# 二手车鉴定评估彩色图解教程

主　编　林绪东
副主编　张　凤　岑少飞　马亚勤
　　　　蒋玉秀　封桂炎

教学资源二维码

微课视频总目录

机械工业出版社

《二手车鉴定评估彩色图解教程》共分五个项目，分别介绍了二手车鉴定评估准备、二手车静态技术鉴定、二手车动态技术鉴定、二手车价格评估、二手车交易，重点是项目二二手车静态技术鉴定，包含了外观车漆、内饰、事故车、泡水车、调表车等的鉴定方法，采用彩色图解的方式，把鉴定过程中难以理解的鉴定步骤、方法展示出来。书末附有二手车交易实战平台软件应用介绍。

本书是"互联网+教学资源"的精品教材，除配有教学微课视频，还配有教学资源的微信公众号平台，内容包括学习课件、学习视频、评估案例等，并且案例可以不断更新。

本书集理论性和实用性于一体，可作为高职高专汽车专业二手车鉴定评估教材，也可作为二手车鉴定评估专业人员、二手车经纪人员的培训教材。

本书配备教学课件，选用本书作为教材的教师可在机械工业出版社教育服务网（www.cmpedu.com）注册后免费下载；或添加客服人员微信获取（微信号码：13070116286）

## 图书在版编目（CIP）数据

二手车鉴定评估彩色图解教程/林绪东主编. —北京：机械工业出版社，2018.7（2023.1重印）
高职高专汽车专业系列教材
ISBN 978-7-111-60992-6

Ⅰ.①二… Ⅱ.①林… Ⅲ.①汽车-鉴定-高等职业教育-教材 ②汽车-价格评估-高等职业教育-教材 Ⅳ.①U472.9 ②F766

中国版本图书馆CIP数据核字（2018）第219132号

机械工业出版社（北京市百万庄大街22号 邮政编码100037）
策划编辑：齐福江　　　　　责任编辑：齐福江
责任校对：佟瑞鑫　　　　　封面设计：陈　沛
责任印制：常天培
北京铭成印刷有限公司印刷
2023年1月第1版第8次印刷
184mm×260mm·9.5印张·178千字
标准书号：ISBN 978-7-111-60992-6
定价：49.00元

凡购本书，如有缺页、倒页、脱页，由本社发行部调换

电话服务　　　　　　　　　　网络服务
客服电话：010-88361066　　　机　工　官　网：www.cmpbook.com
　　　　　010-88379833　　　机　工　官　博：weibo.com/cmp1952
　　　　　010-68326294　　　金　书　网：www.golden-book.com
封底无防伪标均为盗版　　　　机工教育服务网：www.cmpedu.com

# FREFACE 前言

随着我国经济的飞速发展和人民生活水平的不断提高，汽车已进入千家万户。据中国汽车工业协会统计，2017年我国汽车产销量分别为2901.5万辆和2887.9万辆，自2009年始连续九年蝉联全球第一。据公安部数据显示，截至2017年底，中国汽车保有量达2.17亿辆。根据成熟汽车市场的发展规律，新车销量增速到一定时候就会放缓，转向二手车市场。从近几年数据来看，我国二手车与新车年销量之比约为1:4，而美国成熟汽车市场中，两者比例约为3:1。假设我国二手车与新车销量之比能达到1:2，二手车平均价格以6万元计，我国二手车市场有近3万亿元的市场空间。

鉴于二手车庞大的市场及人才需求，我们结合多年实践经验而编写了此教材，以供相关院校及培训机构教学学习之用。本书为机械工业出版社高职高专汽车专业系列教材。

本书内容主要分五大部分，分别为二手车鉴定评估准备、二手车静态技术鉴定、二手车动态技术鉴定、二手车价格评估、二手车交易。重点是二手车静态技术鉴定、价格评估，二手车静态技术鉴定主要讲解我们购买二手车最关心的事故车、泡水车、调表车的鉴定，价格评估主要讲解二手车价格评估的常见评估方法和实用评估方法，并附有二手车交易实战平台软件应用介绍。

本书以项目、任务的方式编排，对一些难以读懂、理解的二手车鉴定内容采用大量图片进行讲解，图文并茂、通俗易懂，内容编排符合当前高职高专职业教育以工作过程为导向的项目式教学。

本书除配有教学微课视频，还配有教学资源的微信公众号平台，内容包括学习课件、学习视频、评估案例等，并且案例可以不断更新，非常适合教学，只要手机在手，随时随地都可以学习，符合教育部"互联网+教学资源"先进职教导向。

本书由林绪东主编，张凤、岑少飞、马亚勤、蒋玉秀、封桂炎任副主编，参编人员还有张永忠、李杰伟、顾小冬、蒋杨初、秦志刚。

在本书编写的过程中，除了所列参考文献外，还参考了许多发表在网站上的相关文章，在此对原作者表示由衷的感谢。本书主编联系方式：13979143355。

编　者

# 目录 CONTENTS

前言

## 项目一 二手车鉴定评估准备　　001

### 任务一　认识二手车鉴定评估　　001
一、二手车鉴定评估的相关概念　　001
二、二手车市场的发展及管理　　004
三、二手车评估目的和任务　　005
四、二手车评估依据和原则　　007

### 任务二　二手车鉴定评估机构与二手车鉴定评估师　　008
一、二手车鉴定评估机构　　008
二、二手车鉴定评估师　　009

复习题　　014

## 项目二 二手车静态技术鉴定　　015

### 任务一　车辆外观车漆的检查　　015
一、漆面色差检查　　015
二、漆面顺滑性检查　　016
三、漆面砂纸打磨痕迹检查　　016
四、敲打法检查漆面　　017
五、外观件边沿、装饰条及橡胶密封件留漆检查　　017
六、漆面橘皮现象检查　　019
七、漆膜厚度测试仪检测车漆（专用仪器检测）　　020
八、利用油箱盖进行辅助判断　　023
九、识别改色车　　023

### 任务二 车辆缝隙检查 025
　　一、整车方正的检查 026
　　二、车身曲线的检查 027
　　三、车身缝隙的检查 027

### 任务三 车身骨架的检查 031
　　一、前纵梁的检查 032
　　二、A、B、C柱的检查 035

### 任务四 车辆内饰的检查 044
　　一、车门内饰板的检查 044
　　二、转向盘磨损情况的检查 045
　　三、驾驶人座椅磨损的检查 046
　　四、安全带的检查 046
　　五、脚垫、地毯的检查 047
　　六、中控台仪表板、音响、杂物箱的检查 047
　　七、后排座椅、车顶内饰的检查 050

### 任务五 发动机舱检查 050
　　一、发动机舱钣金结构件的检查 051
　　二、发动机机械、电器元件的检查 056

### 任务六 行李箱及后保险杠、后围板的检查 060
　　一、行李箱盖的检查 060
　　二、后保险杠、后围板的检查 061
　　三、行李箱底板的检查 062
　　四、行李箱框架的检查 063

### 任务七 如何鉴定调表车 064
　　一、通过4S店查询准确公里数判断是否为调表车 065
　　二、检查转向盘的磨损情况判断是否为调表车 065
　　三、检查驾驶人座椅磨损情况判断是否为调表车 066
　　四、检查车门饰板的磨损情况判断是否为调表车 067
　　五、检查变速杆的磨损情况判断是否为调表车 068
　　六、检查离合器踏板、制动踏板、加速踏板的磨损情况判断是否为调表车 069
　　七、检查制动片的磨损情况判断是否为调表车 070
　　八、检查轮胎的磨损情况判断是否为调表车 071
　　九、调表案例 072

### 任务八　如何识别泡水车 073
　　一、鉴别泡水车的方法 074
　　二、检查内饰鉴别泡水车 074
　　三、检查发动机舱鉴别泡水车 077
　　四、检查行李箱鉴定泡水车 079
　　五、检查底盘鉴定泡水车 080

### 任务九　解读车上的数字密码 080
　　一、解读VIN码的秘密 080
　　二、解读玻璃上的密码 083
　　三、解读轮胎上的秘密 086

### 任务十　新能源汽车的鉴定 087
　　一、新能源汽车的分类 087
　　二、电动汽车的鉴定与评估 089

**复习题** 092

## 项目三　二手车动态技术鉴定　093
　　一、二手车动态技术鉴定要领 093
　　二、试车前机油检查 094
　　三、起动车辆时灯光和仪表的检查 096
　　四、发动机噪声检查 097
　　五、怠速和制动检查 098
　　六、变速器检查 098
　　七、跑偏情况的检查 100

**复习题** 100

## 项目四　二手车价格评估　101

### 任务一　二手车价值评估方法 101
　　一、现行市价法 101
　　二、收益现值法 103
　　三、重置成本法 106
　　四、清算价格法 115
　　五、成本折旧法及应用 117
　　六、简单估算法 120

## 任务二 评估方法对比分析 121
  一、价值评估的前提条件 121
  二、重置成本法与收益现值法对比分析 122
  三、重置成本法与现行市价法对比分析 122
  四、收益现值法与现行市价法对比分析 123
  五、清算价值法与现行市价法对比分析 123
  六、折旧法和重置成本法对比分析 123
  七、价值和价格的区别与联系 125
复习题 125

# 项目五 二手车交易 126

## 任务一 二手车收购 126
  一、二手车商的收车渠道 126
  二、哪些车不能收 126

## 任务二 二手车销售 127
  一、二手车拍照上线集客 127
  二、二手车门店销售 129
  三、二手车置换（4S店） 129

## 任务三 二手车提档过户 133
  一、办理二手车过户的必要性 133
  二、交易流程 134
  三、二手车过户的基本流程 135
复习题 139

# 附录 二手车鉴定评估与交易实战平台简介 140

参考文献 143

# 项目一 二手车鉴定评估准备

## 任务一 认识二手车鉴定评估

二手车鉴定评估广泛应用于二手车交易、机动车辆法律诉讼、车辆投保、车辆置换、机动车抵押贷款、车辆担保、车辆拍卖、车辆典当等领域。对于同一辆车,由于不同的评估目的,其评估出来的结果会有所不同。在洽谈车辆评估委托时,明确车辆评估的目的十分重要。对于走私车、盗抢车、非法拼装车、报废车、手续不全的车辆,严禁在二手车交易市场上交易,承接其评估也是违法的。

作为二手车鉴定评估人员,必须了解国内外二手车市场发展动态,具备一定的二手车理论知识,为二手车鉴定评估做好准备。

### 一、二手车鉴定评估的相关概念

#### 1. 二手车

二手车英文为 Second Hand Vehicle,译为"第二手的汽车",在我国也称为"旧机动车"。目前二手车已理解成"用过的汽车",即不单指第一次转让的车辆,也包括有可能被多次转让的车辆。根据《二手车流通管理办法》中规定:二手车是指办理完注册登记手续到国家强制报废标准之前进行交易并转移所有权的汽车、挂车和摩托车。

#### 2. 二手车鉴定

二手车鉴定是指有鉴定评估资格的人员,按照特定的目的,遵循法定或公允的标准程序,运用科学的手段和方法,对二手车的合法性进行查验,对车辆的技术状况进行检测的过程。

#### 3. 二手车评估

二手车评估是指有鉴定评估资格的人员,经过对二手车鉴定之后,对二手车现时价值进行的预测评估过程。

#### 4. 二手车鉴定评估

二手车鉴定评估实质是由鉴定和评估两个过程组成的,而实际工作中没有严格的界限，因此，统称为二手车鉴定评估。为了方便理解和运用，二手车鉴定评估又可定义为：由专门的鉴定评估资格人员，按照特定的目的，遵循法定或公允的标准程序，运用科学的手段和方法，对二手车进行手续查验，对车辆的技术状况进行检测及对二手车现时价值进行预测的过程。二手车鉴定评估包括**主体**和**客体**。

（1）**主体** 二手车鉴定评估的主体是指二手车鉴定评估业务的承担者，即从事二手车鉴定评估的机构及专业鉴定评估人员。鉴定评估人员的素质对评估工作水平和评估结果的质量有重要影响，所以，二手车鉴定评估人员必须掌握一定的资产评估业务理论及资产评估的方法；熟悉并掌握国家颁布的与二手车交易有关的政策、法规、行业管理制度以及相关的技术标准；具备对二手车的技术状况进行准确的判断和鉴定的能力；具有良好的职业道德，公平公正、遵纪守法，保证二手车鉴定评估质量。同时还必须经过严格的考试，取得国家人力资源和社会保障部颁发的《二手车鉴定评估师》证书。

（2）**客体** 二手车鉴定评估的客体是指待评估的车辆，是鉴定评估的具体对象。车辆交易前，必须到公安交通管理机关申请车辆检验，检验被交易车辆的车架号和发动机号的全部拓印。若有不一致或改动、凿痕、锉痕、重新打刻等人为改变时，一律扣留审查。根据2005年10月1日起施行的《二手车交易管理办法》中的规定，有下列情况之一的车辆禁止交易：

1）已报废或者达到国家强制报废标准的车辆。

2）在抵押期间或者未经海关批准交易的海关监管车辆。

3）在人民法院、人民检察院、行政执法部门依法查封、扣押期间的车辆。

4）通过盗窃、抢劫、诈骗等违法犯罪手段获得的车辆。

5）发动机号码、VIN码与登记号码不相符，或者有凿改迹象的车辆。

6）走私、非法拼（组）装的车辆。

7）手续不齐的车辆。

8）国家法律、行政法规禁止经营的车辆。

### 5. 成新率

成新率是二手车新旧程度的衡量指标，是指二手车的功能或使用价值占全新机动车的功能或使用价值的比率，也可理解为二手车的现实状况与机动车全新状况的比率。

### 6. 折现率

折现率是指将未来有限期预期收益折算成现值的比率。本金化率和资本化率或还原利率则通常是指将未来无限期预期收益折算成现值的比率。

### 7. 贬值

二手车贬值根据性质不同分为：功能性贬值、经济性贬值、有形损耗贬值。

（1）**功能性贬值** 二手车功能性贬值是由于技术进步引起的二手车功能相对落后

而导致的贬值。这是一种无形损耗。功能性贬值可分为一次性功能贬值和营运性功能贬值。

一次性功能贬值是由于技术进步引起劳动生产率的提高，现在再生产制造与原功能相同的车辆的社会必要劳动时间减少、成本降低而造成原车辆的价值贬值。

营运性功能贬值是由于技术进步，出现了新的、性能更优的车辆，致使原有车辆的功能相对新车型已经落后而引起其价值贬值。具体表现为原有车辆在完成相同工作单元的前提下，在燃料、人力、配件材料等方面的消耗增加，形成了一部分超额运营成本。

（2）经济性贬值　经济性贬值是反映社会对各类产品综合的经济性贬值的大小，突出表现为供求关系的变化对市场价值的影响。二手车经济性贬值是指由于外部经济环境变化所造成的车辆贬值。它也是一种无形损耗。外部经济环境包括宏观经济政策、市场需求、通货膨胀和环境保护等。如高铁的普及，长途客车需求就会减少，其价值就会因此而贬值；反之就会增值。

经济性贬值是由于外部环境而不是车辆本身或内部因素所引起的达不到原有设计的获利能力而造成的贬值。外界因素对车辆价值的影响不仅是客观存在的，而且对车辆价值影响还相当大，所以，在二手车的评估中不可忽视。

（3）有形损耗贬值　二手车实体有形损耗也称实体性贬值，是指二手车在存放和使用过程中，由于物理和化学原因（如机件磨损、锈蚀和老化等）而导致的车辆实体发生的价值损耗，即由于自然力的作用而发生的损耗。计量二手车实体有形损耗时主要根据已使用年限进行分摊。

8. 二手车的原值

二手车原值即原始价值，是指车主在购置以及其他方式取得某类全新机动车当时所发生的全部货币支出，包括买价、运杂费、车辆购置附加费、消费税、新车登记注册等所发生的费用。

9. 二手车的净值

二手车随着使用的过程逐渐磨损，其原始价值也随着减少而转入企业成本。企业提取的机械折旧额为折旧基金，用于车辆磨损的补偿。提取折旧后，剩余的机械净值称为二手车的净值，它在一定程度上反映了车辆现有价值。

10. 二手车的残值

二手车报废清理时回收的那些材料、废料的价值称残值，它体现二手车丧失生产能力以后的残体价值。

11. 评估值

二手车评估值是遵循一定的计价标准和评估方法，重新确定的二手车现值。

12. 报废汽车

报废汽车（包括摩托车、农用运输车）是指达到国家报废标准，或者虽未达到国家报废标准，但发动机或者底盘严重损坏，经检验不符合国家机动车运行安全技术条件或者国家机动车污染物排放标准的机动车。

13. 拼装车

拼装车是指使用报废汽车的发动机、转向机、变速器、前后桥、车架（统称"五大总成"）以及其他零配件组装的机动车。

14. 改装汽车

改装汽车有两种情况，一是厂家改装，是对原车重新设计、改装的，使用的零件是经过国家鉴定合格的，属于合法改装；二是消费者自己委托改装，一般是指改变车身颜色的、更换发动机的、更换车身或者车架的，改装的内容应符合道路安全法的规定，而且机动车所有人应向登记地车辆管理所申请变更登记。

15. 平行进口车

平行进口汽车，全称是平行贸易进口车，简称平贸车，是指未经品牌厂商授权，贸易商从海外市场购买，并引入中国市场进行销售的汽车。由于进口地不同，可分为"美规车""中东版车""加版车""欧版车"等，以区别于授权渠道销售的"中规车"。

16. 中规车

所谓"中规车"是厂商根据中国的法律法规生产的，面向中国市场销售的车型，其中就包括4S店销售的进口车、国产豪华车和我国自主品牌生产的在国内销售的汽车。

17. 美规车

所谓"美规车"，是一个广义的概念，主要相对中规车而言，指的是那些生产规格并不是按照中国相关法规，而是按照海外地区的相关要求来生产的进口汽车，其中不仅有按照美国法规生产专供美国市场的美规车，也有按照中东地区法规生产的车型。

## 二、二手车市场的发展及管理

**1. 我国二手车市场发展概况**

我国新车产销量从2009年开始到2017年已连续9年蝉联全球第一，按发达国家汽车工业发展规律，新车市场发展到一定程度后增速会放缓，取而代之的是二手车市场迅猛发展。近年来，我国二手车市场以每年20%～30%的速度递增。特别是局部市场，二手车交易甚至出现了"井喷"的态势，如北京、广东、上海、浙江等省市二手车交易量增长甚至超过了新车，而且品牌二手车业务取得重要进展。根据中投顾问在《2017—2021年中国二手车市场深度调研及投资前景预测报告》中分析：2017年度，中国二手车市场交易量达到 1234 万辆，交易量同比增长 18.8%，全年交易额度预计 8214 亿元左右，交易额环比增长 8.06%。二手车市场的快速增长表明我国二手车消费开始进入新的阶段，即由单一的集贸式交易市场向品牌专卖、拍卖、经纪公司等多种经营模式共存的格局转变。品牌二手车的出现，为二手车市场增添了新的变化，主要体现在：

1）丰富了二手车交易模式。买卖二手车不再只是通过二手车交易市场一个渠道来完成。

2）4S 店依靠品牌的优势和强大的售后服务能力，能够提供与新车一样的质量保证，打消消费者的疑虑，让消费者买得放心、用着舒心。

3）4S 店通过执行生产企业严格的认证标准，明示车辆质量信息，明码标价，改变市场信息不透明的问题。

4）通过新旧置换，为二手车市场提供了丰富的经营资源，将为二手车市场快速发展增添强劲动力。

面对新的市场环境，国内二手车经销商要想在激烈的市场竞争中站稳脚跟，就必须借鉴国外企业的成功经验，创新管理模式，充分利用二手车市场拥有的庞大经营渠道和信息资源，建立自己规范的业务流程和先进的网络管理系统，以合理的收购价值、售后服务的保障、服务商的可靠信誉、便捷的交易手续，引导消费者正确认识品牌二手车，促进品牌在二手车市场的繁荣。

**2. 二手车流通市场的管理**

为加强二手车流通市场管理，明确二手车交易市场、二手车经营主体的设立条件和程序，规范二手车交易市场经营者和二手车经营主体的经营、服务行为，打击拼装、走私、盗抢、报废等车辆的非法交易，防止国家税收和国有资产流失，维护交易双方合法权益，促进二手车流通行业又好又快发展，应依照商务部、公安部、国家工商总局、国家税务总局公布的《二手车流通管理办法》（以下简称《办法》）和商务部《二手车交易规范》（以下简称《规范》）、公安部《机动车登记工作规范》、国家税务总局《关于统一二手车销售发票式样问题的通知》等执行。

### 三、二手车评估目的和任务

**1. 二手车评估的目的**

二手车鉴定评估是以技术鉴定为基础的，以准确地确定二手车市场现时价值，并以此作为买卖双方成交的参考底价。即为了正确反映二手车的价值量及其变动，为将要发生的经济行为提供公平的价值尺度。

**2. 二手车评估的任务**

对于同一辆车，因不同的评估目的，其评估出来的结果会有所不同。所以对于客户提出的不同的委托目的，需要采用不同的评估方法，同时评估中的重要单元是鉴别车辆是否是走私车、盗抢车、非法拼装车、报废车、手续不全的车等，其单元作用主要有以下几点。

(1) **确定二手车交易价值**　由于二手车在交易时，买卖双方对交易价值的期望是不同的。所以，需要鉴定评估人员站在公正、独立的立场，选择适宜的评估方法，对预交易车辆进行鉴定评估，评估价值作为买卖双方成交的参考底价。

(2) **法律诉讼咨询服务**　当事人遇到机动车辆诉讼时，可以委托鉴定评估师对车辆进行评估，有助于把握事实真相。同时，法院在判决时，可以依据鉴定评估师的结论为法院司法裁定提供现时价值依据。

(3) **车辆的转籍、过户**　二手车辆的转籍、过户可能因为交易行为，或者因为其他经济行为而发生。例如，某单位或个人用机动车辆来偿还其债务，且债权债务双方对车辆的价值出现异议时，需要委托二手车鉴定评估机构对有关车辆的价值进行评定估算。否则，车辆无法转籍和过户。

(4) **车辆保险**　在对车辆进行投保时，所缴纳的保费高低直接与车辆本身的价值大小有关。同样，当保险车辆发生保险事故时，保险公司需要对事故车辆进行理赔。为了保障保险双方的利益，需要对核保理赔的车辆进行公平合理的鉴定评估。

(5) **车辆置换**　车辆置换是指以旧车换新车或者以旧车换旧车的业务。车辆的置换业务直接关系到置换双方的利益，所以，需要鉴定评估师对预置换的车辆进行公平合理的鉴定评估，为置换双方提供现时价值依据。

(6) **抵押贷款**　贷款人以机动车辆作为贷款抵押物，向银行进行贷款时，银行为了确保放贷安全，需要车辆鉴定评估机构对车辆进行准确的鉴定评估，并作为银行放贷的依据。

(7) **车辆担保**　车辆担保是指车辆产权人，用其拥有的机动车辆为他人或单位的经济行为进行担保时，需要二手车鉴定评估师对预担保车辆的价值进行公平评估，为担保人提供价值依据。

(8) **车辆拍卖**　对于符合拍卖条件的车辆，如公务车辆、执法机关罚没车辆、抵押车辆、企业清算车辆、海关获得的抵税和放弃车辆等，预进行拍卖时，应先对车辆进行鉴定评估，为车辆拍卖提供拍卖底价。

(9) **车辆典当**　当车辆产权人要将车辆进行典当时，若典当双方对典当车辆的价值出现异议，可以委托二手车鉴定评估师对典当车辆的价值进行评估，典当行以此作为放款的依据。对于典当车辆的处理，也需要二手车鉴定评估师为典当车辆进行鉴定评估。

## 四、二手车评估依据和原则

### 1. 二手车鉴定评估的依据

（1）**理论依据** 二手车鉴定评估的理论依据是资产评估学，其操作方法按国家规定的方法操作。

（2）**政策法规依据** 二手车鉴定评估工作的主要政策法规有：《国有资产评估管理办法实行细则》《旧机动车交易管理办法》《汽车报废标准》等，以及其他方面的政策法规。

（3）**价值依据** 价值依据有两个方面：历史依据和现实依据。历史依据主要是二手车辆的账面原值、净值等资料，它具有一定的客观性，但不能作为评估的直接依据；现实依据是以基准日这一时点的现时条件为准，即现时的价值、现时的车辆功能状态等。

### 2. 二手车鉴定评估的原则

为了保证二手车鉴定评估结果的真实、准确，并做到公平合理，被社会承认，就必须遵循一定的原则。二手车鉴定评估应遵循的原则有公平性原则、独立性原则、客观性原则、科学性原则、专业性原则、可行性原则等。

（1）**公平性原则** 公平性原则是二手车鉴定评估工作人员应遵守的最基本的道德规范。鉴定评估人员的思想作风、工作态度应当公正无私。评估结果应该是公正、合理的，而绝对不能偏向任何一方。

（2）**独立性原则** 独立性原则是要求二手车鉴定评估工作人员应该依据国家的有关法规和规章制度及可靠的资料数据，对被评估的二手车价值做出合理评定。不应受外界干扰和委托者意图的影响，从而使评估公正客观地进行。

（3）**客观性原则** 客观性原则是指评估结果应以充分的事实为依据。它要求对二手车计算所依据的数据资料必须真实，对技术状况的鉴定分析应该是真实客观的。为此，应加大仪器检查项目，使检测结果更加科学。

（4）**科学性原则** 科学性原则是指在二手车评估过程中，必须根据评估的特定目的，选择适用的评估标准和方法，使评估结果准确合理。

（5）**专业性原则** 专业性原则要求鉴定评估人员接受国家专门的职业培训，经职业技能鉴定合格后由国家统一颁发执业证书，持证上岗。

（6）**可行性原则** 可行性原则亦称有效性原则。要想使鉴定评估的结果真实可靠又简便易行，就要求鉴定评估人员是合格的，具有较高的素质；评估中利用的资料数据是真实可靠的；鉴定评估的程序与方法是合法的、科学的。

## 任务二　二手车鉴定评估机构与二手车鉴定评估师

### 一、二手车鉴定评估机构

**1. 评估机构应具备的条件**

1）是独立的中介机构。

2）有固定的经营场所，经营面积不少于 $200m^2$。

3）有从事经营活动的必要设施，一般应具备：汽车举升设备；车辆故障信息读取设备、车辆结构尺寸检测工具或设备；车辆外观缺陷测量工具、漆面厚度检测设备；照明工具、照相机、螺钉旋具、扳手等常用操作工具。

4）有3名以上从事二手车鉴定评估业务的专业人员（包括《二手车流通管理办法》实施之前取得国家职业资格证书的旧机动车鉴定估价师，具有二手车鉴定估价师职业资格证书及中国汽车流通协会的注册证明）。

5）有规范的规章制度。

**2. 评估机构的职能**

（1）评估职能　二手车鉴定评估机构对二手车进行评估，得出评估结论，并说明得出结论的充分依据和推理过程，体现出其评估职能。评估职能是二手车鉴定评估机构的关键职能。

（2）公证职能　二手车鉴定评估机构可以对二手车评估结论做出符合实际的、可以信赖的证明，所以二手车鉴定评估机构具有公证职能。具有以下特征：

1）这种公证职能虽然不具备定论作用，但却有促成事故结案、买卖成交的作用。

2）这种公证职能虽然不具备法律效力，但该结论可以接受法律的考验。所以二手车鉴定评估机构可以接受委托方的委托出庭辩护，甚至可被聘请为诉讼代理人出庭诉讼，本着对委托方特别是对评估报告负责的原则，促成双方接受既定结论。

（3）中介职能　二手车鉴定评估机构作为中介人，从事评估经济活动，并参与相关利益的分配，为当事人提供服务，具有鲜明的中介职能。所以，二手车鉴定评估机构可以以中间人的身份，独立地开展二手车评估，从而得出评估结论，促成双方当事人接受该结论，为当事人提供中介服务，从而发挥其中介职能作用。

**3. 评估机构的特征及地位**

（1）二手车鉴定评估机构的特征

1）具有经济性。二手车鉴定评估机构通常需通过相关的专业技术人员，接受诸多当事人（如保险公司、车主等）的委托，处理不同类型的二手车评估业务，积累二手车评估经验，提高二手车评估水平，从而帮助当事人降低成本，提高经济效益。

2）具有专业性。二手车鉴定评估机构的市场定位是向众多当事人提供专业的评估业务。由于对特定的对象（二手汽车）进行评估，而汽车种类繁多，当事人的要求又千差万别，所以，二手车鉴定评估机构比一般的资产评估机构在评估技术方面要更专业，经验要更丰富。

3）具有中介性。二手车鉴定评估机构作为汽车保险市场、二手车交易市场、汽车碰撞事故双方的中介，易被双方当事人所接受，因而可以缓解当事人双方的矛盾并增大回旋余地，可以说，二手车鉴定评估机构是减少当事人之间摩擦的润滑剂。因此，二手车鉴定评估机构是以获取利润为目标的中介组织。

此外，二手车鉴定评估机构是有具体业务领域的机构，从业人员应具有汽车专业技术知识，还需具有财务、会计、法律、经济、金融、保险等知识。

(2) 二手车鉴定评估机构的地位　二手车鉴定评估机构的地位是独立的，主要表现在以下几个方面：

1）二手车鉴定评估机构执行评估业务时，既不代表双方当事人，也不受行政权力等外界因素干扰。

2）在二手车评估过程中，汽车评估执业人员保持着独立的思维方式和判断标准。

3）估价人员的评估分析和结论具有独立性。

4）二手车鉴定估价人员具有知识密集性和技术密集性的特征，具有一定的权威地位；但从法律的角度看，这种权威地位是相对的。从市场地位而言，二手车鉴定估价人员必须坚持独立的立场，无论针对哪一方委托的事务都应做出客观、公平的评判。

## 二、二手车鉴定评估师

### 1. 二手车鉴定评估师的作用

《二手车鉴定评估师》职业资格证书是合法从事二手车鉴定与估价工作的前提。经营范围包含二手车的鉴定与估价的单位，需要符合国家有关部门关于二手车鉴定估价的特定条件才能合法开展业务，取得经营资质的前提也需要取得本职业资格证书。今后，随着二手车市场的进一步发展和规范，《二手车鉴定评估师》职业资格证书将成为进入二手车经营领域的入场券和通行证，其作用主要有：

1）国家劳动法及《二手汽车流通管理办法》都明确规定二手车估价实行职业资格准入制度，只有持有二手车鉴定评估师/旧机动车鉴定评估师职业资格证书者，才能合法从事二手车估价职业。

2）注册二手车鉴定公司、二手车评估机构等，必须至少持有3张二手车鉴定评估师职业资格证书（全国证可通用），地方工商局才受理核发营业执照。

3）上述注册的公司在年检、核查时或产生法律纠纷取证时，二手车鉴定评估师职业资格证书都可作为有效合法的证明和依据。

**2. 二手车鉴定评估师的职业素质**

二手车鉴定评估师对汽车的定价直接涉及当事人双方的权益，是一项政策性和专业性都非常强的工作。汽车鉴定评估人员的素质高低，对评估结果的质量起着至关重要的影响。二手车鉴定评估师不但要能准确鉴定评估二手车的技术状况，还应掌握国家基本政策理论，应具有较高的业务素质和良好的思想品德。

（1）**掌握国家基本政策理论** 二手车鉴定评估师要有一定的资产评估业务理论，熟悉资产评估基本原理和基本方法，熟知国家有关二手车交易的政策法规和国家在各个时期的方针和政策。

（2）**具有较高的业务素质**

1）二手车鉴定评估师要具有宽广的知识面。不仅要具备财会、经济管理、市场、金融、物价等经济学方面的知识，同时还应具有汽车维修技术、微机操作方面的知识。

2）二手车鉴定评估师要具有准确的判断、鉴定和估算能力。

3）二手车鉴定评估师要具有较高的收集、分析和运用信息资料的能力。

（3）**要具有良好的思想品德** 二手车鉴定评估师应热爱本职工作，遵守职业道德；应具有较高的政治素质和法制观念，从事业务要保证公正、公平、公开。二手车鉴定评估师只有具备较高的思想品德素质，才能在评估工作中自觉履行自己的职责和义务，才能全心全意为客户服务。

**3. 二手车鉴定评估师的能力素质**

对二手车鉴定评估师和高级鉴定评估师的能力要求是不同的，根据2007年国家职业标准中的规定，二手车鉴定评估师职业标准见表1-1，高级二手车鉴定评估师职业标准见表1-2。

表1-1 二手车鉴定评估师职业标准

| 职业功能 | 工作内容 | 技能要求 | 相关知识 |
| --- | --- | --- | --- |
| 一、评估准备 | （一）接受委托 | 1. 能介绍二手车鉴定评估程序<br>2. 能介绍二手车鉴定评估方法<br>3. 能签订二手车鉴定评估委托合同 | 1. 社交礼仪<br>2. 二手车鉴定评估委托合同使用方法 |
| | （二）核查证件、税费 | 1. 能确认被评估车辆及评估委托人的机动车来历凭证、机动车行驶证、机动车登记证书等是否合法有效<br>2. 能核实被评估车辆税费交纳情况<br>3. 能按要求对被评估车辆进行拍照 | 1. 机动车证件类型<br>2. 机动车证件识别方法<br>3. 车辆税费种类<br>4. 车辆税费凭证识别方法<br>5. 拍照技巧 |

(续)

| 职业功能 | 工作内容 | 技能要求 | 相关知识 |
|---|---|---|---|
| 二、技术状况鉴定 | （一）静态检查 | 1. 能根据资料核对车辆基本情况<br>2. 能检查发动机技术状况<br>3. 能检查底盘技术状况<br>4. 能检查车身技术状况<br>5. 能检查电器电子装置技术状况<br>6. 能识别事故车辆 | 1. 机动车识伪检查方法<br>2. 发动机静态检查方法<br>3. 底盘静态检查方法<br>4. 车身静态检查方法<br>5. 电器电子装置静态检查方法<br>6. 事故车静态检查方法 |
| | （二）动态路试检查 | 1. 能进行路试前的准备工作<br>2. 能动态检查机动车性能<br>3. 能进行路试后的检查工作 | 1. 机动车制动性能检查方法<br>2. 机动车动力性能检查方法<br>3. 机动车操纵性能检查方法<br>4. 机动车滑行性能检查方法<br>5. 机动车噪声和废气检查方法 |
| | （三）技术状况综合评定 | 1. 能分析二手车的技术状况<br>2. 能提出机动车检测建议<br>3. 能识读机动车综合性能检测报告 | 1. 机动车技术等级标准<br>2. 机动车技术状况分析方法<br>3. 机动车技术状况检测项目和内容 |
| 三、价值评估 | （一）选择评估方法 | 1. 能区分评估类型<br>2. 能根据评估目的选择评估方法 | 1. 评估类型分类<br>2. 评估方法分类 |
| | （二）评估计算 | 1. 能用重置成本法评估二手车价值<br>2. 能用现行市价法评估二手车价值<br>3. 能用收益现值法评估二手车价值<br>4. 能用清算价值法评估二手车价值 | 1. 重置成本法的计算模型和估算方法<br>2. 二手车贬值及其估算<br>3. 成新率确定方法<br>4. 现行市价法评估流程和计算方法<br>5. 收益现值法评估流程和计算方法<br>6. 清算价值法基本方法 |
| | （三）撰写二手车鉴定评估报告 | 1. 能与委托方交流，确认鉴定评估结论<br>2. 能编写二手车鉴定评估报告<br>3. 能归档二手车鉴定评估报告 | 1. 撰写二手车鉴定评估报告的要求<br>2. 二手车鉴定评估报告的要素<br>3. 二手车鉴定评估报告的内容 |

表1-2 高级二手车鉴定评估师职业标准

| 职业功能 | 工作内容 | 技能要求 | 相关知识 |
|---|---|---|---|
| 一、故障判断 | （一）判断发动机常见故障 | 能判断发动机起动困难、怠速不良、动力不足、排烟异常、机油消耗异常、异响等故障原因 | 1. 发动机故障表现形式<br>2. 发动机故障诊断方法<br>3. 发动机传感器、执行器、电子控制器（ECU）的检测方法 |
| | （二）判断底盘常见故障 | 能判断传动系、转向系、行驶系、制动系等故障原因 | 1. 传动系、转向系、行驶系、制动系等故障表现形式<br>2. 传动系、转向系、行驶系、制动系等故障诊断方法 |
| | （三）判断电器电子装置常见故障 | 1. 能判断蓄电池、发电机、起动机、空调、电子元件等故障原因<br>2. 能判断汽车起火自燃的原因 | 1. 汽车电路常见故障<br>2. 汽车常见电器电子元件<br>3. 汽车电器电子装置故障诊断程序<br>4. 汽车电器电子装置检修常用仪表 |
| | （四）判断对车价影响较大的故障 | 1. 能分析汽车故障与车价的关系<br>2. 能判断对车价影响较大的故障 | 1. 汽车维修配件价值相关标准<br>2. 汽车修理成本核算方法 |
| 二、高配置装置识别与技术状况鉴定 | （一）发动机技术状况鉴定 | 1. 能识别和鉴定涡轮增压发动机<br>2. 能识别和鉴定多气门发动机 | 1. 电控燃油喷射结构原理<br>2. 涡轮增压装置结构原理<br>3. 多气门发动机结构原理 |
| | （二）底盘高配置装置识别与技术状况鉴定 | 1. 能识别和鉴定动力转向装置<br>2. 能识别和鉴定防抱死制动系统（ABS）<br>3. 能识别和鉴定巡航控制装置 | 1. 自动变速器（AT）、无级变速器（CVT）的结构原理<br>2. 动力转向装置的结构原理<br>3. 防抱死制动系统（ABS）的结构原理<br>4. 巡航控制装置的结构原理 |
| | （三）车身高配置装置识别与技术状况鉴定 | 1. 能识别和鉴定倒车雷达装置<br>2. 能识别和鉴定防盗装置<br>3. 能识别和鉴定汽车音响 | 1. 安全气囊的结构原理<br>2. 倒车雷达装置的结构原理<br>3. 防盗装置的结构原理<br>4. 汽车音响的结构原理<br>5. 电动天窗的结构原理 |

(续)

| 职业功能 | 工作内容 | 技能要求 | 相关知识 |
|---|---|---|---|
| 三、专项作业车和大型客车鉴定评估 | （一）专项作业车鉴定评估 | 1. 能判别专项作业车技术状况好坏<br>2. 能静、动态检查专项作业车<br>3. 能评估专项作业车价值 | 1. 专项作业车的分类、型号和技术指标<br>2. 专项作业车的基本结构和技术参数 |
| | （二）大型客车鉴定评估 | 1. 能判别大型客车技术状况好坏<br>2. 能静、动态检查大型客车<br>3. 能评估大型客车价值 | 1. 大型客车的分类、型号和技术指标<br>2. 大型客车的基本结构和技术参数 |
| 四、二手车营销 | （一）二手车收购、销售、置换 | 1. 能确定二手车收购价值<br>2. 能确定二手车销售定价方法<br>3. 能制订二手车销售定价目标<br>4. 能确定二手车销售最终价值<br>5. 能制订二手车置换流程 | 1. 二手车收购估价方法<br>2. 二手车收购估价与鉴定估价的区别<br>3. 二手车销售定价应考虑的因素<br>4. 二手车营销实务<br>5. 二手车置换方式 |
| | （二）二手车质量认证 | 能制订二手车质量认证流程 | 二手车质量认证的内容 |
| | （三）二手车拍卖 | 能确定二手车拍卖底价 | 1. 二手车拍卖方式<br>2. 拍卖相关法规<br>3. 二手车拍卖的运作过程 |
| 五、事故车辆鉴定评估 | （一）事故车辆的鉴定 | 1. 能检查事故车辆的技术状况<br>2. 能鉴定事故车辆的损伤程度 | 车辆损伤类型 |
| | （二）事故车辆的评估 | 1. 能对碰撞车辆进行评估<br>2. 能对泡水车辆进行评估<br>3. 能对火烧车辆进行评估 | 1. 损失项目的确定<br>2. 损失费用的确定 |
| 六、培训指导 | （一）指导操作 | 能指导二手车鉴定评估师及鉴定评估从业人员进行实际操作 | 二手车鉴定评估实际操作流程 |
| | （二）理论培训 | 能对二手车鉴定评估师及鉴定评估从业人员进行理论培训 | 二手车鉴定评估师培训讲义编写方法 |

## 【复习题】

**一、名词解释**

1. 二手车
2. 二手车鉴定与评估
3. 成新率
4. 平行进口车

**二、问答题**

1. 国家规定禁止交易的二手车有哪些?
2. 二手车鉴定评估机构应具备的条件有哪些?

# 项目二 二手车静态技术鉴定

## 任务一 车辆外观车漆的检查

检测一辆二手车,首先要检查的是车漆,因为可以通过车漆的情况大致判断一些车况,比如车的新旧、是否有过剐蹭、是否有过小撞击等。

车辆外观的磕磕碰碰是常事,并不是说外观车漆有损伤的车就是事故车,检查外观车漆主要有两个目的:一是从喷过漆的地方发现蛛丝马迹,从喷漆点进一步深入检查发现事故的程度;二是价格评估时扣减喷漆的相关费用。车漆检查步骤及要领如下。

### 一、漆面色差检查

迎着光看漆面上是否有褶皱,距离 1m 左右,看漆面有没有褶皱的感觉,因为原车喷漆比修理厂补漆要均匀,所以后补的漆在这种情况下会看出有些褶皱的感觉。

通过车身反射光的明暗对比来判断是否喷漆,一般喷漆的地方反射光很暗。但一些高档车都是在厂家指定的特约维修站烤漆,电脑配色、配漆、配亮油,喷漆的质量非常好,不容易观察。对于金属漆,可以检查漆面金属含量的多少。当然,喷漆质量好的车影响不大,喷漆质量不好的车会产生色差,通过仔细观察可以检查出来。

 **特别注意**:在检查时要把车辆停放在一个光线明亮的地方(图 2-1),千万别在地下停车场。

图 2-1 检查色差时车辆停放在光线明亮处

## 二、漆面顺滑性检查

喷漆的最后一道工序是抛光打蜡,经过抛光打蜡的漆面应该是很顺滑的,但抛光时边角往往不太好抛光(图2-2)。喷漆的地方感觉会不顺滑,同时车身的不平整也可以感觉出来。机盖和行李箱盖,可以用手摸它的光滑边,一般喷过漆的机盖和行李箱盖靠近玻璃的那个边会有粗糙感,与没喷过漆的盖子还是有很大区别的。

如果是整车喷漆,虽然看不出色差,但是在喷漆之前需要把原漆全部用水砂纸打磨掉,这样就会留下一些细微的痕迹,虽然很难发现,但是仔细看还是可以看到的。而且在烤漆时,施工环境很难保证无菌,所以在喷漆过程中就会掺杂一些细小的颗粒,在漆面形成麻点(图2-3),阳光一照,很容易就看得见。

图2-2 漆面抛光

**检查方法**:距离漆面20cm仔细观察漆面,看有没有灰尘、气泡造成的砂眼(图2-4),如果有,那么几乎可以断定这个板件喷过漆了。图2-4所示是喷漆过程中有杂物飞进去造成的鼓包,这些小颗粒被包在了车漆里面,是擦不掉的,如果观察得够仔细还是很容易发现的。

图2-3 喷漆留下的麻点

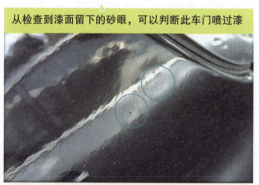

图2-4 漆面留下的砂眼

## 三、漆面砂纸打磨痕迹检查

只要刮完腻子用砂纸打磨后,就会留有痕迹,有很多或粗或细的条纹(图2-5),与喷漆周边完好的原车漆部分是不同的(图2-6)。

图2-5 喷漆前用砂纸打磨腻子

图2-6 漆面留下的砂纸打磨痕迹

## 四、敲打法检查漆面

发生过较严重事故的车辆，如果外观件没有更换，就必须经过钣金修复，钣金修复的表面不可能像新件那么平整光滑，且经过钣金修复的外观件表面必须刮腻子填平，喷漆的厚度也会比较厚（图2-7），敲打时声音要低沉一些，特别是喷漆的质量不太好时，就更明显了。

在鉴定二手车时，通过敲打外观件听声音也是鉴定是否喷过漆的方法之一。检查方法：在鉴定时，敲击一下漆面，如果声音发闷，说明车漆比较厚，可能重新喷过了。原车的漆面很薄，发出的声音比较清脆（图2-8）。

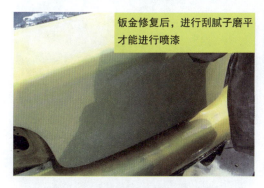

图2-7 车身覆盖件修复后刮腻子

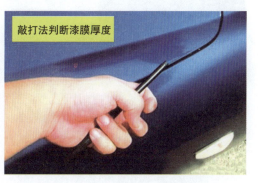

图2-8 敲打车漆表面判断是否喷过漆

## 五、外观件边沿、装饰条及橡胶密封件留漆检查

在事故车辆喷漆时，有些4S店或修理厂为了节省人工，并不完全按照标准工序进行施工。比如进行车门喷漆时，按工序应该把车门玻璃压条、车门拉手拆下才喷漆，但有些4S店或修理厂并没有这样做，而是直接用遮挡的方法（遮挡着车门玻璃压条、车门拉手）直接喷漆（图2-9、图2-10），很难做到将遮挡物与车的线条严丝合缝地契合住，因此在喷漆的时候难免会有一些油漆飞到周围的地方，这样就很容易在车门玻璃压条和车门的接缝处残留油漆痕迹和"流漆"痕迹。

图2-9 局部喷漆时用报纸遮挡

图2-10 局部喷漆时用薄膜遮挡

**常见局部喷漆后留漆的部位：**

1）前保险杠和前照灯接缝处喷漆留下的留漆（图2-11），说明前保险杠发生过碰撞，要重点检查前部是否发生过严重事故。

2）前雷达有挂漆现象。相比原厂的机器人喷漆，人工喷漆通常无法将油漆喷得非常均匀，尤其在这些带有凹凸的地方，非常容易留下挂漆的痕迹（图2-12），说明前保险杠发生过碰撞，要重点检查前部是否发生过严重事故。

喷漆时遮挡

图2-11 前保险杠喷漆时有留漆

图2-12 前雷达有挂漆现象

3）车门玻璃压条有留漆（图2-13）。这是在喷漆时没有拆下车门压条而留下的漆雾。说明车门发生过碰撞，要重点检查车身侧面是否发生过严重事故。

车门留漆检查

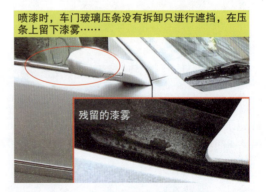
图2-13 车门玻璃压条在车门喷漆时留下的漆雾

4）倒车雷达留下残漆。左右两个雷达对比非常明显，左边的倒车雷达留下明显的残漆（图2-14），说明左后保险杠发生过碰撞，要重点检查左后部是否发生过追尾事故。

5）发动机舱内翼子板塑料件侧留下残漆，（图2-15）说明翼子板发生过碰撞，要重点检查翼子板侧是否发生过严重事故。

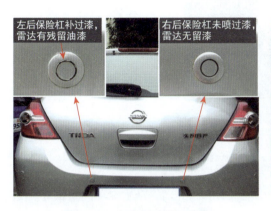

图2-14 倒车雷达留下残漆

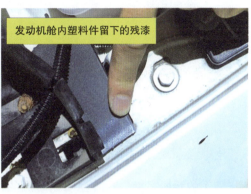

图2-15 发动机舱内翼子板塑料件侧留下残漆

## 六、漆面橘皮现象检查

漆面橘皮也称为流平不佳，漆膜产生橘皮似的块状效果，如橘子皮表面一样（图2-16）。其主要原因是流平不佳，是喷枪喷出的油漆颗粒经过雾化到达喷涂表面时，相互间不能再流动，从而不能使漆膜表面平滑（图2-17）。

图2-16 橘子皮

图2-17 漆面橘皮现象

观察漆面橘皮时，最好在光照下观察，漆面反光时就能很容易看出来（图2-18）

车辆在补漆时如果喷涂工艺或烘干期的温度控制不当，就容易产生橘皮现象，跟原厂车漆的镜面程度对比起来还是比较明显的。

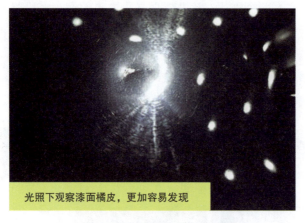

漆面橘皮现象鉴别

光照下观察漆面橘皮，更加容易发现

图 2-18　灯光下观察漆面橘皮

## 七、漆膜厚度测试仪检测车漆（专用仪器检测）

新车的漆面都是生产线自动化喷涂的，而且是在非常干净的无尘车间里面整体进行的，因此漆面厚度很均匀，不会出现大的差别。而车辆局部受损后人工喷涂的油漆，事实上是不可能做到与原厂喷漆的厚度相当。加上存在钣金修复使漆面和金属之间还要涂抹腻子胶等，漆面厚度会更大。

漆面检测仪（图 2-19）是检测车体漆面厚度的仪器，通过测试漆面与车身铁皮的厚度来判定是否存在钣金或者喷漆的痕迹。

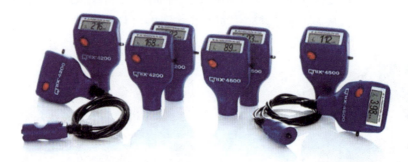

图 2-19　漆面检测仪

**1. 检测方法**

在检测中，一般以汽车车顶作为基准，如果其他部位数值明显高于基准数值，则车辆该部位可以判定进行过钣金、喷漆修整。在二手车鉴定过程中，如果检测师发现数值与基准数值差数非常大，则会进一步检查车辆该处是否存在事故痕迹，判定是否为事故车。一般情况下，原厂漆面正常厚度在 80~150μm（图 2-20），只经过喷漆修复后厚度会明显增加（图 2-21），而如果经过钣金修复，由于多了一层厚厚的腻子，漆面厚度可以达到 300μm 以上（图 2-22）。

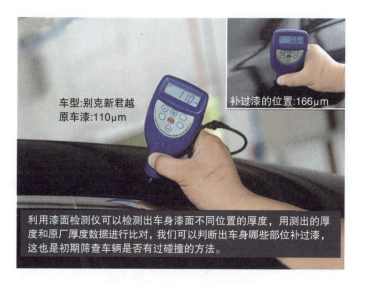

图2-20　漆面检测仪的使用

图2-21　喷漆修复后的检测值

图2-22　钣金修复后右前翼子板漆面厚度为378μm

**2. 使用漆面检测仪检测事故车的步骤**

**第一步，从车顶收集基准数值。**

因为不同品牌车辆的漆面厚度均不相同，因此在检测时，首先是采集该车的漆面基准数值（图2-23）。

该车的漆面厚度基本数值在140μm左右，如果车体其他部位的漆面厚度与此数值近似或在此值以内，就说明没有问题。

**第二步，检测发动机舱盖漆面。**

车辆发生前部碰撞和后部追尾事故的次数往往比较多，发动机舱盖漆面的检测应作为重点（图2-24）。

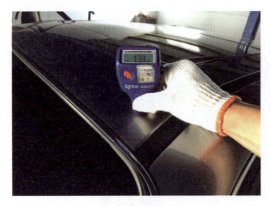

图2-23 采集漆面基准数值

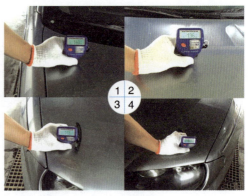

图2-24 发动机舱盖漆面的检测

发动机舱盖漆面都在基数范围内，说明该车前部没有钣金或喷漆修复痕迹。当然，如果是完全更换了发动机舱盖，还需要检查结合部位，观察内部的螺钉是否拆装过。

**第三步，检测行李箱盖漆面。**

从车辆行李箱盖和后端的漆面检测结果看，漆面厚度也在基数的范围内，因此也可判断该车尾部没有钣金或喷漆的历史（图2-25）。

**第四步，检测车门漆面。**

车门漆面的检测是判断侧面碰撞的依据之一（图2-26）。

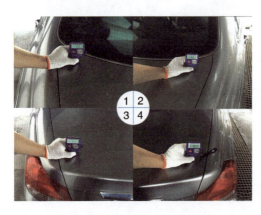

图2-25 行李箱盖漆面的检测

图2-26 车门漆面的检测

**第五步，检测A、B、C柱漆面。**

车体A、B、C柱的检测，是判断事故车的重要指标（图2-27）。如果A、B、C柱有钣金或补漆等修复痕迹，说明车辆存在重大事故的嫌疑，二手车鉴定评估师就会着重对车辆底盘和前、后侧梁做进一步的检测。

漆面检测仪检测行李箱盖

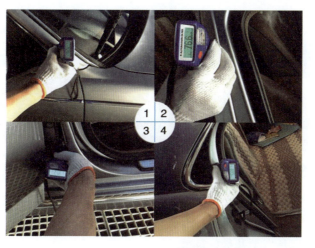

漆面检测仪检查前车门及A柱

图2-27　A、B、C柱漆面的检测

## 八、利用油箱盖进行辅助判断

汽车的油箱盖是事故车辆喷漆调漆的样板，需要调漆时会把油箱盖拆下来，根据上面的漆色调配油漆，这样喷出来的漆就很难发现色差。在检查二手车是否喷过漆时，检查油箱盖的固定螺钉有没有被拧过（图2-28），如果有，那就要特别注意。

图2-28　检查油箱盖是否拧动过

### 总　结

色差、挂漆、补漆痕迹、车漆橘皮现象、飞漆、腻子痕迹、车漆里的小鼓包，这些都是一个有经验的检测工程师推断漆面情况的线索，线索越多、位置越集中，推断的结果就越准确。当然车漆的好坏并不能反映车况的优劣，主要是通过车漆的情况来大致估量一下车况，然后从不同位置的喷漆情况来推断车辆可能经受过的擦碰或撞击点，进而对该位置附近的更多部位尤其是关键质量特性区域进行更细致地检查，以准确地判断车况。

## 九、识别改色车

改色车对车辆行驶是不会产生很大影响的，但是要看是怎么改，如果仅仅是外观改色（图2-29），发动机舱及内饰地板不改的话还好，因为不需要拆内饰和发动机。如果是连发动机舱都改了颜色的话，因为需要拆掉所有的内饰，很可能在装回去的时候不能达到那么高的精度，在日后行驶时内饰会容易出现异响。

图 2-29 银色雨燕改成红色

检查改色车可以从以下几部位进行。

**1. 检查车门框判断改色车**

识别改色车最简单的办法就是通过观察密封胶条内的色差及喷漆痕迹来判断。拉开车门密封条，观察门框的颜色（图 2-30）。

**2. 检查发动机舱盖判断改色车**

在改色时会把发动机舱盖拆下进行喷漆，但发动机舱盖铰链一般不喷（图 2-31），检测发动机舱盖铰链很容易发现原车漆颜色，据此判断该车为改色车。

图 2-30 拉开车门密封条露出了原来的颜色

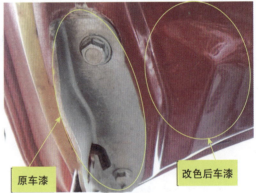

图 2-31 发动机舱盖铰链和发动机舱盖比对

**3. 检查减振器座判断改色车**

在改色时减振器座不会喷漆，还是保留原来的车漆颜色（图 2-32），据此很容易判断是否为改色车。

**4. 检查车铭牌判断改色车**

要改色喷漆时，车辆铭牌不会拆下，会用报纸遮盖，在铭牌的边缘会看到原车漆颜色（图 2-33）。

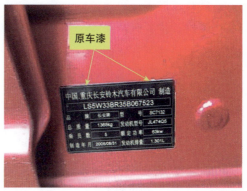

图2-32 检查减振器座颜色　　　　图2-33 检查车铭牌

### 5. 检查天窗（如果带有天窗）判断改色车

将天窗完全打开，通过观察天窗滑轨内侧的颜色来判断车辆是否是改色车。因为天窗滑轨内侧的夹层很深，里面的颜色都是汽车厂商在制造汽车时单独喷上的，后期改色很难做到将颜色均匀地喷到里面，只要是改色车，就会有色差和喷涂精度的问题存在（图2-34）。

图2-34 检查天窗判断改色车

## 任务二　车辆缝隙检查

一般的乘用车都是由13块外观件（钣金件）拼成，包括前保险杠，左右、前翼子板，发动机舱盖，车顶，4个车门，左右后翼子板，行李箱盖，后保险杠。每一辆车下线生产出来，这13块板之间的缝隙都是均匀并且一致的，保证车辆看起来美观、协调（图2-35）。

一旦有过撞击，边缝就会有褶皱断裂等变化，想要恢复出厂设置是很难的。对车身的缝隙检查主要有两点：一是看边缝大小是否均匀（图2-36），左右是否一致；二是看车漆颜色是否一致。

图2-35 车辆外观图

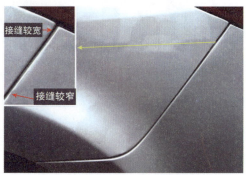

图2-36 缝隙的检查

一个有经验的二手车鉴定人员，在鉴定二手车时，首先扫视一下车的整体，叫看车"整不整"。所谓"整不整"就是看车的轮廓是不是顺滑，棱角是否分明，车身腰线是否有高低错位，车体是否对称。

## 一、整车方正的检查

检查时，把车停放在一个光线明亮的地方，站在车的正前方观察的车的方正情况（图2-37）。如果车辆存在碰撞修复，有些地方的缝隙就会出现左右不对称的情况；如果有过喷漆修复，颜色调配不一致也会出现明显色差，这时人的美观触感就会受到影响，感觉看着不舒服。

图2-37 看整体

## 二、车身曲线的检查

一般情况下,车身正面、侧面没有受到过撞击的话,它的前脸线条(图2-38)、车身腰线会是非常流畅的(图2-39)。如果腰线不流畅或者钣金件之间存在落差,那么很可能车辆是被撞过的。

观察侧面最主要的是观察车身的腰线,其次是车门底部边线。正常情况,这些线条出厂时都应该是持平的,如果遭受过撞击、修复调整,那么因为车门调整的原因,这些线条就会出现不齐的瑕疵。

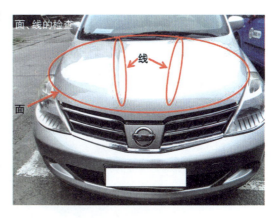

图2-38 线、面的检查

图2-39 车身腰线的检查

## 三、车身缝隙的检查

**1. 发动机舱盖与前翼子板、前照灯、前保险杠缝隙的检查**(图2-40)

无事故车辆缝隙应左右对称、均匀、流畅、无流漆(图2-41)。发生过事故的车,如果调整不好,缝隙会大小不一,左右不对称(图2-42)。

图2-40 发动机舱盖与前翼子板、前照灯缝隙的检查

图2-41 没有发生过事故的发动机舱盖与前照灯缝隙均匀、平整

图2-42 发生过事故的车前照灯与前翼子板缝隙不均匀

**2. 前车门与后车门、前车门与前翼子板、后车门与后翼子板缝隙的检查**

缝隙应左右对称、均匀、流畅、无留漆（图2-43）。

（1）前车门与前翼子板缝隙的检查 如图2-44所示。

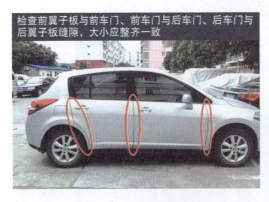

图2-43 车门缝隙的检查

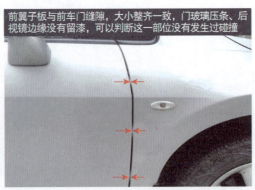

图2-44 前车门与前翼子板缝隙的检查

(2) **前车门与后车门之间缝隙的检查** 没有发生过撞击事故的车，前、后车门之间缝隙应大小均匀整齐，左右对称（图2-45）。

(3) **后车门与后翼子板缝隙的检查** 没有发生过事故的，后车门与后翼子板缝隙应均匀整齐（图2-46），发生过事故的车缝隙大小不一（图2-47）。

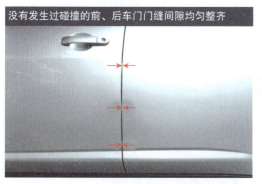

图2-45　前、后车门之间缝隙检查

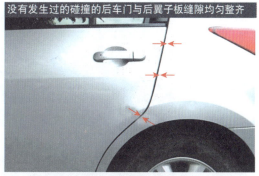

图2-46　后车门与后翼子板缝隙的检查

(4) **车门外部密封条的缝隙检查**
观察车门外部密封条的缝隙是否整齐划一，也是判断车辆侧面是否碰撞的依据，如果密封条的缝隙不协调或者一段齐、一段不齐的话，那么很可能车门是修复过的（图2-48）。

图2-47　事故修复调整后的后车门与后翼子板缝隙大小不一

**3. 后翼子板与后保险杠、后翼子板与行李箱盖、行李箱盖与后保险杠缝隙的检查**

缝隙应左右对称、均匀、流畅、无留漆（图2-49）。发生过追尾事故的车辆缝隙调整不好，大小不一（图2-50、图2-51）。

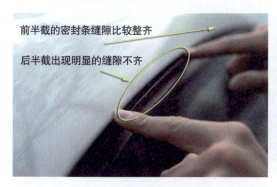

图2-48　车门外部密封条的缝隙的检查

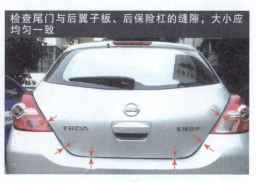

图2-49　车辆尾部缝隙的检查

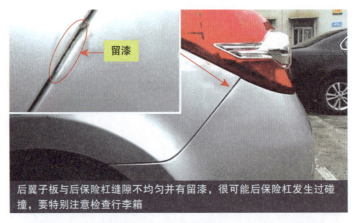

图2-50 后保险杠与后翼子板缝隙大小不一并有留漆

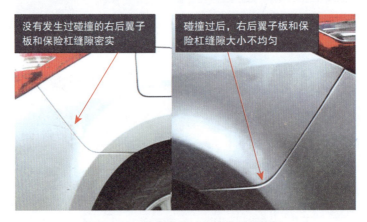

图2-51 没有发生过碰撞的后保险杠和发生过碰撞的后保险杠缝隙对比

如果不知道原车状态是什么样子,也可以左右两侧对比着看。比如图2-52这辆车右后尾灯的缝隙明显比左后尾灯大很多,是原来维修安装调整不到位所致。

车身缝隙的检查

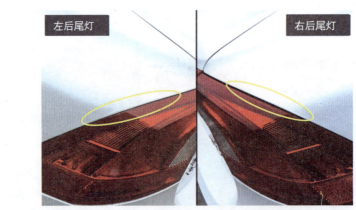

图2-52 左、右尾灯对比

## 任务三　车身骨架的检查

在购买二手车时，人们最担心是买到事故车。那什么样的车才算事故车？是不是喷过漆的车就是事故车呢？答案是否定的。

**事故车**是指由非自然损耗的事故，造成车辆伤损，导致机械性能、经济价值下降的车辆。二手车鉴定中的"事故车"，一般是指存在结构性损伤的车辆。同时，泡水车、火烧车等也都属于"特殊事故车"这一类。

**结构性损伤**是指当车辆发生碰撞或者损坏之后，会伤及车梁、车架等部位，需要经过整形、切割、焊接等才能进行修复的车。

**具有以下特征：**

①经过撞击，损伤到发动机舱和驾驶舱的车辆。
②后翼子板撞击损伤超过其三分之一的车辆。
③纵梁有变形、整形、焊接、切割的车辆。
④减振器座有变形、整形、焊接、切割的车辆。
⑤A、B、C柱有变形、整形、焊接、切割的车辆。
⑥因撞击造成汽车安全气囊弹出的车辆。
⑦车身不可拆卸部分有严重的变形、整形、焊接、切割的车辆。
⑧车身经水浸泡超过车身二分之一，或积水进入驾驶舱的车辆。
⑨车身经火焚烧超过0.5m²，经修复仍存在安全隐患的车辆。

二手车鉴定中事故车的定义

现代轿车大部分都是采用承载式车身结构，汽车的整个车身是一体的，没有贯穿整体的大梁，发动机、传动系统、前后悬架等部件都装配到车身上，车身负载通过悬架装置传给车轮，主要由前、中、后三部分组成，前部由横梁、纵梁、减振器座组成、中部由A、B、C柱、底板、车顶组成，后部由后纵梁、后围、行李箱底板组成（图2-53）。车身构件中主要受力部件是前后纵梁、A、B、C柱（图2-54），这些构件的强度也是最高的，不容易变形。如果这些构件产生变形，往往是受到了较大的撞击。

对于一辆车来说，车架就和

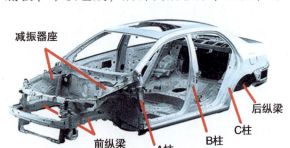

图2-53　轿车车身结构示意图

人的骨架是一样的,一辆车的车架有过损伤的话,就好比一个人"伤筋动骨",那就称不上是一辆"健康"的车了,就成了事故车。检查一辆二手车是不是事故车,主要检查车身骨架有没有损伤。车身骨架主要检查前后纵梁、减振器座（避震塔）及A、B、C柱有没有受到过撞击损伤。

图2-54 车身骨架强度示意图

## 一、前纵梁的检查

前纵梁相当于车的骨架,由两根位于两边的纵梁组合而成,主要用于承载发动机（图2-55）。纵梁多用低合金钢板冲压成,断面为槽形或工字形,以分散吸收事故撞击的能量。车辆的纵梁前方属于吸能区,吸能区上有溃缩引导槽（图2-56）。吸能区一旦发生碰撞就会产生溃缩,在溃缩引导槽处会留下折痕,即使修复后也很容易看出来,所以前纵梁是排查事故车的重要区域。

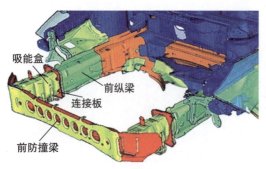

图2-55 车身纵梁结构示意图

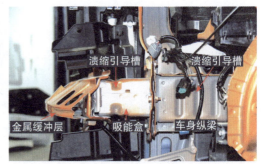

图2-56 车身纵梁实物图

车辆纵梁在小事故中受伤的概率比较小,如果一辆车的纵梁有问题,那么这辆车一定经受过不小的事故。车辆前纵梁一旦发生碰撞就会产生溃缩,即使经过修复也容易看出来。对吸能盒来说,它的破损并不影响汽车本身的安全性,因为这是可以更换的（图2-57）。但是如果伤及纵梁,造成了纵梁溃缩,那么就可以认定为大事故车。因为纵梁的维修只能通过钣金修复,严重时甚至需要重新切割焊接进行修复。

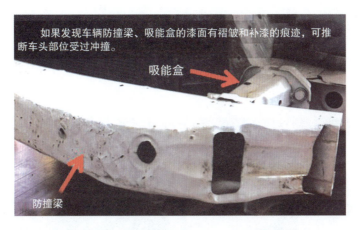

图2-57 防撞梁和吸能盒事故修复留下的痕迹

纵梁的检测方法有两种：一种是看纵梁是否变形，还有就是看有没有局部的生锈。

**变形**：纵梁如果有过事故挤压，那么纵梁必然会有扭曲或者变形破损的痕迹（图2-58），则可定性为大事故车。如图2-59所示的横梁受损严重，但纵梁没有损伤，不算事故车。

更换过前纵梁的轿车

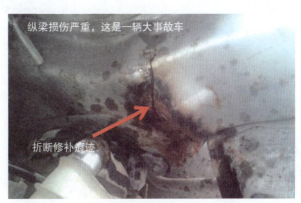

图2-58 事故造成的纵梁严重损伤

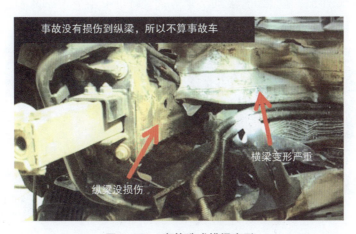

图2-59 事故造成横梁变形

项目二 二手车静态技术鉴定

**生锈**：纵梁生锈在年限比较长的车辆上很常见，而年限不长的车一般不会有局部生锈情况出现。纵梁受伤的车会产生局部生锈现象。这点在看纵梁时需要注意，并不是所有纵梁生锈都是出过事故（图 2-60）。

### 1. 观察梁体是否有变形

梁头有不正常的褶皱和凹坑，梁头螺钉也拧过了（图 2-61），这是纵梁受损的表现。

图 2-60 纵梁完好和生锈示意图

图 2-61 检查梁头是否受损

 **特别注意**：在检查梁头时要注意左右的对称性。如果发现两个凹坑，或者弯曲是对应存在的，那么很有可能是原厂就有的，不能算事故车，不要盲目下结论，以免误判。

前纵梁的检查

同样看褶皱的还有梁身的部分（图 2-62），要顺着梁体进行全面检查。正常原厂车的梁身应该是严丝合缝的。如果发现有开裂的迹象，或者不规则的褶皱，最好把车举升起来做更细致的检查。

### 2. 观察梁体及轮旋是否有裂隙，焊点是否一致

如果发生严重事故，纵梁在修复时会烧焊，烧焊的痕迹是非常明显的（图 2-63），看起来也直观。至于一些振裂的位置，只要细致观察，就一定会发现。

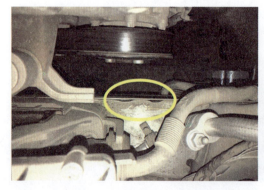

图 2-62 检查梁身是否受损

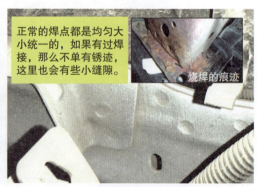

图 2-63 纵梁修复时留下的烧焊痕迹

发生撞击后,容易被撕裂的地方就是结合处,把车举升起来,特别检查轮旋的部位(图2-64),严丝合缝的地方发生事故时容易被振裂。

**3. 检查后纵梁是否有变形生锈**

为了分散事故撞击时的能量,后纵梁设计了一些溃缩引导点(图2-65)。在发生撞击时,溃缩点就会发生变形。严重的事故梁体都会变形(图2-66、图2-67),则可定性为事故车。

严重事故修复过轮旋的车辆

图2-64 轮旋部位的检查

图2-65 后纵梁结构示意图

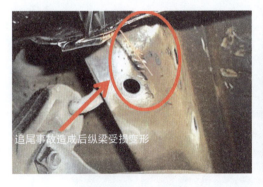

图2-66 后纵梁事故受损变形示意图(一)

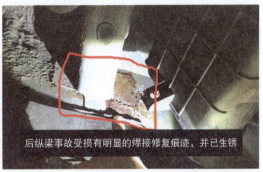

图2-67 后纵梁事故受损变形示意图(二)

## 二、A、B、C柱的检查

汽车重要的骨架(A、B、C柱)以及底大边的检查是鉴别是否为事故车的重要依据之一。A、B、C柱(图2-68)不仅是起到支撑车顶的作用,更为重要的是在车辆翻滚或者倾覆时对车内人员起到保护作用。A、B、C柱一旦在事故中受伤变形,那么这辆车就属于大事故车了。对车底大边的检查是发现车辆有没有拖底以及切割的重要手段。

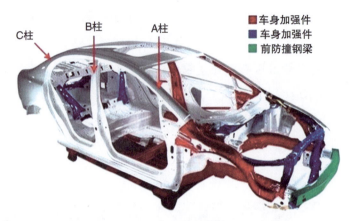

图2-68 A、B、C柱示意图

**1. A柱及车门的检查**

由于A、B、C柱对于车身安全以及车辆刚性起到至关重要的作用,并且A、B、C柱在修复完成之后也比较隐蔽,因此在检查的时候一定要非常仔细。首先检查A柱,由于A柱比较靠前,当车辆受到前方严重撞击或者侧方撞击时,A柱很有可能发生变形。

对于A柱的事故检查要内外结合进行。首先看A柱外表是否有明显的凹凸现象、重新刮腻子的痕迹或喷过漆。其次就是要打开A柱下方的密封条,观察密封条里的框架与激光焊点是否规整,原厂的焊点是圆形和凹陷的(图2-69)。如果发现金属框架与焊点有钣金修复的迹象,焊点也不平整或者没有这些焊点,有可能是事故修复后用腻子灰填平了(图2-70),可以判断这辆车的A柱受过撞击。

除了使用常规检查方法检查A柱焊点判断是否为事故车外,还可以使用漆膜厚度仪检查A柱是否做过漆进行判断(图2-71)。检测的车辆漆膜厚度达1286μm,可以判断A柱做过漆,就要重点检查A柱是否发生过严重撞击了。

门边胶条拆装演示

A柱的检查

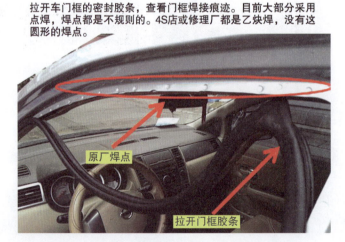

图2-69 车门框上原厂焊点示意图

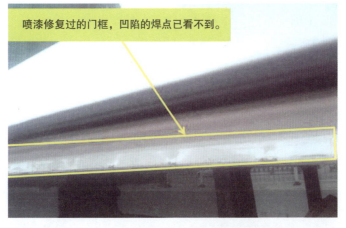

图2-70 事故修复后用腻子灰填平焊点示意图

有些严重事故的车辆,单看门框上的焊点可能判断不出是否是事故车,因为A柱变形严重,A柱可能更换了新件,那这些车又应该怎样检查呢?

一是要重点检查A柱切割的位置,因为切割后一定要焊接,在焊接的地方肯定留下痕迹。二是检查A柱相邻部位翼子板内衬。多部位结合检查,肯定会发现事故修复的痕迹。

图2-71 使用漆膜厚度仪检查A柱示意图

如图2-72所示,一辆丰田RAV4轿车,前部发生严重的事故,右侧A柱、翼子板内衬都已更换新件,在更换时进行了切割和焊补,在二手车鉴定时找准切割点进行检查,肯定会发现事故修复的痕迹。检查的技巧是从焊点位置来看,焊点从哪里消失的,就说明是从哪里开始切割的。

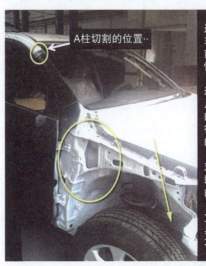

图2-72 A柱更换切割示意图

项目二 二手车静态技术鉴定

除了检查A柱上的焊点外，还要检查柱子上的螺钉是否拧动过，拧动过的螺钉会在螺钉头或螺母上留有痕迹（图2-73），顺便检查车门是否拆装更换过，也是判断A柱是否发生过事故的依据之一。

首先，应打开车门，检查车门合页及固定螺钉（图2-74）。如果拧动过会在螺钉或螺母上留下痕迹（图2-75）。

 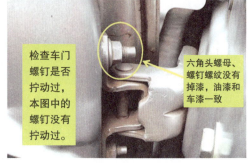

图2-73　检查A柱上的螺钉是否拧动过　　　图2-74　检查车门合页、螺钉是否拧动过

仅凭车门螺钉的拧动痕迹不能证明车门就是更换过的，可能是因为需要钣金喷漆而拆卸，还要通过检查车门胶条来判断车门是否更换过。正常情况下，原车门都是由机器打胶条，所以会非常平整、顺畅（图2-76），而后换的车门胶条都是由人工打的，看上去会明显不均匀，摸起来也会稍软一些。

 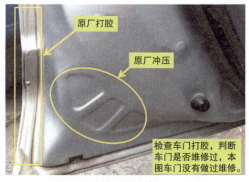

图2-75　车门螺钉拧动过痕迹示意图　　　图2-76　原厂车门打胶示意图

如果发现车门打胶不平整、颜色与车门颜色不一样，那么基本可以判定这个车门是修复过，甚至可能是更换过了。

一般来说，如果车辆的侧面没有受到过碰撞，在关门的时候，车门会很顺畅地关闭。如果车门被修复过，在车门自然关闭的过程中会发现关门不顺畅或者关不严的情况；有的还会出现车门关上了，但是车门和门框却存在落差的情况。可以通过开关车门的顺畅与否、关门声音的厚重感判断是否维修过（图2-77）。如果车门被更换过，也可以在车门边缘及门框部分找到喷漆修补的痕迹。

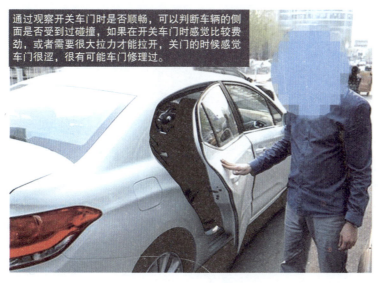

开关车门检查

图 2-77 检查车门示意图

## 2. B 柱的检查

B 柱的检查和 A 柱相似,都是要检查密封条下的金属框架与激光焊点,如果修复过都会留下痕迹(图 2-78)。还可以配合漆膜厚度仪进行检查(图 2-79),图中车辆漆膜厚度 949μm,说明已喷过漆。

B 柱的检查

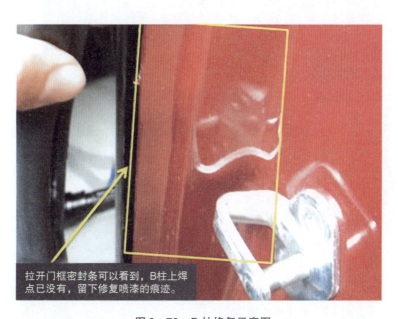

图 2-78 B 柱修复示意图

项目二 二手车静态技术鉴定

检查 B 柱时，要特别注意检查中间位置的铰链部分（当打开前门的时候就可以看到 B 柱中间位置的铰链）。一旦车辆受到来自侧面的撞击造成 B 柱变形，这个位置的铰链也一定会发生变形，严重的甚至要切割更换（图 2-80）。

另外有一个小窍门：由于 B 柱上的这个铰链属于十分隐蔽的位置，长时间下来铰链内侧都会有积土痕迹。如果检查时发现铰链十分新，漆面也十分光亮（与外观车漆几乎相同），那么这个铰链也有可能是新换的。

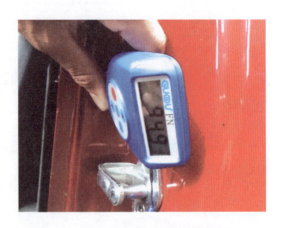

图 2-79　使用漆膜仪检查 B 柱示意图

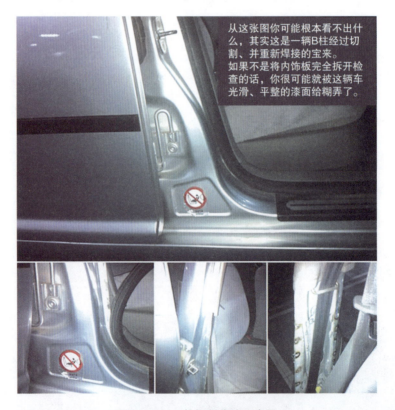

图 2-80　B 柱切割痕迹示意图

判断 B 柱有没有修复过，还有一个方法：检查 B 柱上的轮胎气压提示标贴或名牌（图 2-81）是否还存在，因为这些标贴都是一次性标贴，修复过后就不会存在。这也是判断 B 柱是否修复过的一个依据。

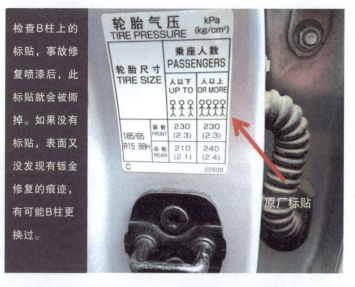

图 2-81 B 柱上轮胎气压标贴示意图

同样还是车身侧面，通过观察锁具部分是否有位移的痕迹和喷漆修补的痕迹（图 2-82），可以判断车门部分是否修理过。一般只有侧面受到严重的碰撞后才会修理这个部分，尤其是喷过漆的。

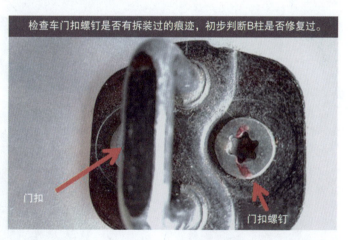

图 2-82 B 柱锁扣示意图

## 3. C 柱的检查

C 柱位于车辆的后方，当车辆受到来自后方或者侧后方的撞击时，C 柱极容易受到损伤变形（图 2-83）。对于 C 柱的检查也比较"特别"，除了正常的检查之外，最主要的一项就是打开行李箱盖查看行李箱两侧的金属框架是否有变形或者钣金修复的迹象，其次查看这里的激光焊点是否规整（图 2-84）。如果发现框架有钣金修复

更换后叶子板的轿车

项目二 二手车静态技术鉴定 041

C柱的检查

的迹象，焊点也不规整，那么很有可能这辆车受到过来自于后方的撞击，也有可能伤及C柱。另外在检查时，可以用手指甲掐一掐左、右翼子板后端内侧的胶条，观察胶条是否均匀完整，有没有龟裂的情况。如果发现了胶条有断裂或者重新涂抹的痕迹，那么也有可能是C柱受伤修复之后造成的。

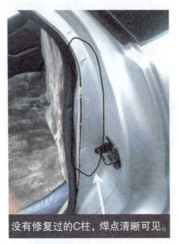 

没有修复过的C柱，焊点清晰可见。　　修复过的C柱，焊点已不复存在。

图2-83　原厂C柱和修复过的C柱对比示意图

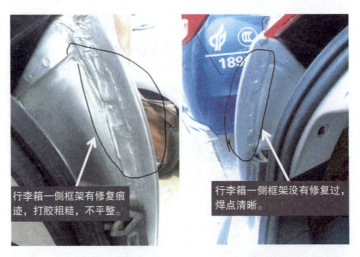

行李箱一侧框架有修复痕迹，打胶粗糙，不平整。　　行李箱一侧框架没有修复过，焊点清晰。

图2-84　原厂行李箱框架和修复过的行李箱框架对比示意图

如果侧面碰撞或后部碰撞比较严重，C柱就有可能需要更换（图2-85）。单从行李箱框架、C柱焊点可能无法判断C柱是否修复过，因为更换后焊点和原厂差不多。这时候就要重点检查切割的位置焊接的情况（图2-86），另外就是重点检查行李箱框架的打胶情况。切割后再焊接就不会有原厂凹陷的焊点，行李箱框架的打胶和原厂相比会显得比较粗糙且不平整。

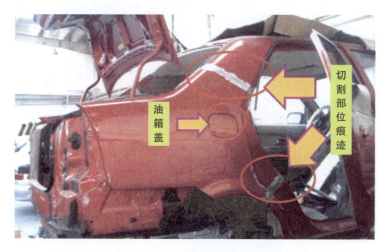

图2-85　C柱更换切割示意图

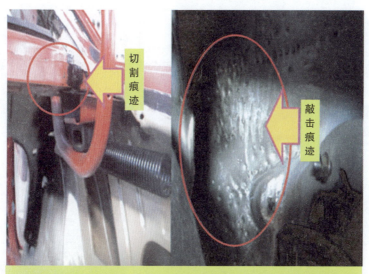

后风窗玻璃左、右下角对应位置的行李箱密封胶条下的封口是否有烧焊修复痕迹。

图2-86　C柱更换切割、敲击痕迹示意图

### 4. 底大边的检查

在查看底大边时,最主要的还是看激光焊点。因为车辆在切割的时候肯定会触及这些激光焊点,在查看时主要是看这些焊点是否规整均匀(图2-87)。如果发现焊点模糊不清或者底大边有明显的焊接痕迹,那么这辆车的底大边肯定被切割过(图2-88)。

鉴定二手事故车的简单总结

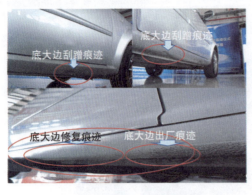
图2-87 底大边检查示意图

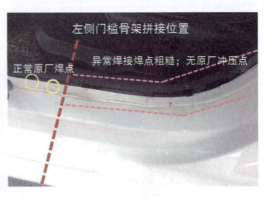
图2-88 门槛修复示意图

## 任务四　车辆内饰的检查

车辆内饰的检查主要包含座椅、转向盘、仪表台、门饰板、车顶饰板、地毯等的检查（图2-89），通过检查这些部件整洁度、干净度、新旧程度、磨损状况，有无破损、更换或拆装过；车内自带的靠枕、饰件是否齐全；各个开关操控是否顺手、有无问题等来鉴定一辆二手车的使用保养状况、使用状况。一般来说，座椅、内饰进行过翻新的车很有可能出现过重大问题。

图2-89 轿车内饰

### 一、车门内饰板的检查

检查车门内饰板（图2-90）、内饰扶手、开关键（图2-91、图2-92）的磨损情况，主要是检查有无破损、翻新的情况。

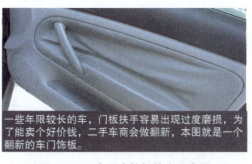
图 2-90 车门内饰板检查示意图

图 2-91 车门开关键检查示意图

图 2-92 车门后视镜开关键检查示意图

## 二、转向盘磨损情况的检查

转向盘主要检查 3 点、9 点位置的磨损情况（图 2-93），这也是判断调表车的一个重要依据。

如果转向盘材质本身比较差的，很容易出现破损的问题，2~3 年可能就出现表皮破损了，用这种方法就很难判断了。

图 2-93 转向盘检查示意图

### 三、驾驶人座椅磨损的检查

驾驶人座椅主要看破损及印痕（图2-94），另外就是要检查座椅的弹性。使用一定年限后，座椅弹性会变差，并有塌陷感（图2-95）。

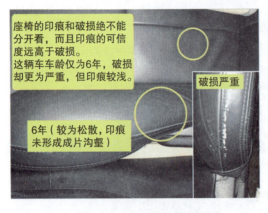
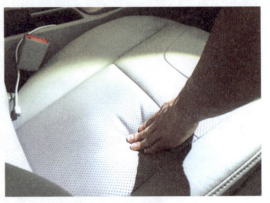

图2-94　驾驶人座椅检查示意图　　　图2-95　驾驶人座椅弹性检查示意图

### 四、安全带的检查

主要是检查驾驶人位的安全带新旧程度、是否更换过（图2-96）。安全带一般很少清洗，所以手经常拉的位置相对其他位置会比较旧，年限越长的车就越明显（图2-97）。

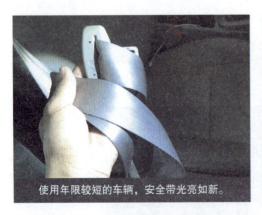
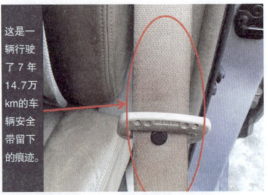

图2-96　年限较短的安全带示意图　　　图2-97　用了一定年限的安全带示意图

检查安全带的标贴和生产日期可以判断安全带是否更换过（图2-98）。原装安全带的生产日期应该早于整车的出厂日期，如果安全带的生产日期晚于整车的出厂日期，说明安全带更换过，可以判断此车可能出过比较严重的事故。

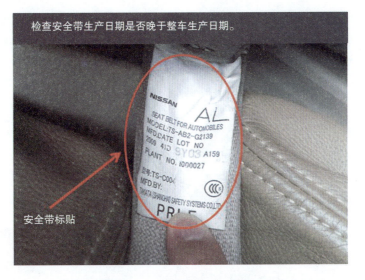

图2-98 安全带标贴示意图

### 五、脚垫、地毯的检查

检查脚垫、地毯是否干净潮湿、是否有臭味、是否翻新,作为判断泡水车的依据。检查地毯时,要特别留心那些一尘不染的,连点浮土脏污都看不见,而且色泽明显发亮的地毯(图2-99、图2-100)。

图2-99 检查脚垫示意图

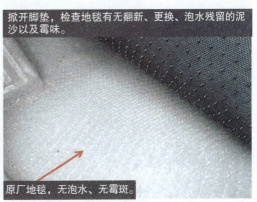

图2-100 检查地毯示意图

### 六、中控台仪表板、音响、杂物箱的检查

#### 1. 仪表板的检查

打开点火开关至2档(ON)位置,观察仪表灯的显示是否正常,有无缺少显示的现象。电喷车大都有故障警告灯提示功能,在打开点火开关时,各个提示灯都应点亮;如果有提示灯没亮,车主很有可能因此项故障没有排除,故意拆掉仪表灯的灯泡或把

仪表灯的线路剪断，给人此车无故障的错觉。发动机起动后，大部分仪表灯全部熄灭（制动灯如果未松驻车制动会亮，安全带未系安全带警告灯也会亮，车门不关车门灯也会亮），车辆行驶时所有警示灯都应熄灭，如果有警示灯常亮不灭表示有故障（图2-101、图2-102）。

举个例子，某车辆车发生过重大事故，气囊全部弹出来，车辆没有购买保险，更换气囊的费用比较贵，为了节省费用，车主不安装气囊。如果不安装气囊，仪表上的气囊指示灯会不断地闪烁，车主想把车卖掉，又不让人发现这车没有气囊，就会在仪表灯上做手脚，把气囊指示灯拆掉或把气囊指示灯线剪掉，即使没有气囊指示灯也不会闪烁。

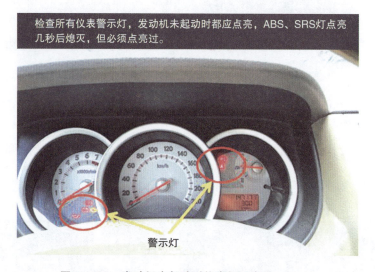

图2-101　发动机未起动时仪表灯示意图

仪表检查

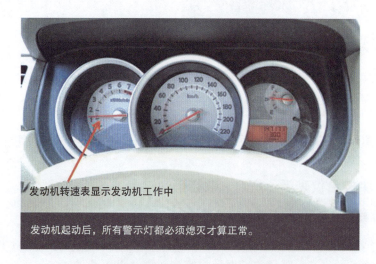

图2-102　发动机起动时仪表灯示意图

### 2. 空调、音响的检查

空调要检查送风模式、制冷效果、有无异味。音响要检查按键是否有卡滞，手感好不好，当然功能必须要完好（图2-103）。

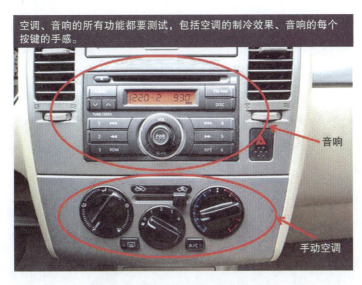

图2-103 空调、音响检查示意图

### 3. 杂物箱的检查

主要检查杂物箱有没有破损、裂纹、泥沙（图2-104）。杂物箱内部属于比较隐秘的位置，有些事故车为节约维修费用，对一些隐秘的部位只做简单处理。如果发现有裂纹或焊接的痕迹，可能是事故所致。如果有泥沙，有可能是一辆泡水车。

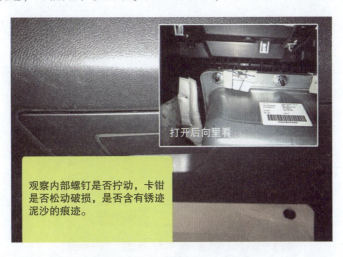

图2-104 杂物箱检查示意图

中控台后面有很多部分都是铁质的，所以污水极容易腐蚀它们。以上都是检查中控台是否拆卸更换过的手段。

### 七、后排座椅、车顶内饰的检查

后排座椅主要检查右后座位置。右后座位置是后排坐得比较多的位置，磨损也比较多（图2-105）。

车顶内饰主要是检查平整度及是否翻新过（图2-106）。有翻新的情况一般都是比较严重的事故，有可能是严重泡水造成车顶内饰更换过或翻车造成车顶变形更换。明显色差指的是新旧区别，如果车顶很脏，但是车内其他地方却干净得亮眼睛，那很可能就是翻新了。

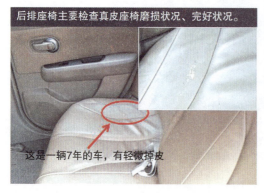

图2-105　后排座椅检查示意图

图2-106　车顶内饰检查示意图

## 任务五　发动机舱检查

发动机舱检查分两部分，一部分是钣金件的检查，主要是鉴定是否发生过事故，另外一部分是发动机部分的检查，主要是检查发动机的工作状况。

检查发动机舱时，主要检查发动机舱盖、散热器框架（俗称龙门架）、左右翼子板、发动机舱结构件等（图2-107）。

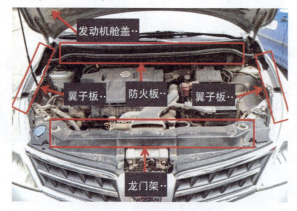

图2-107　发动机舱示意图

## 一、发动机舱钣金结构件的检查

### 1. 发动机舱盖的检查

如果车辆的车头部分发生过碰撞,有两种可能性:一是比较严重的事故更换了发动机舱盖;另外一种就是轻微事故,发动机舱盖进行修复喷漆(图 2-108、图 2-109)。

发动机舱盖的检查

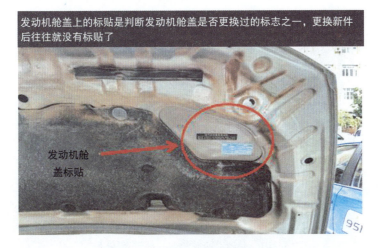

图 2-108　发动机舱盖标贴示意图

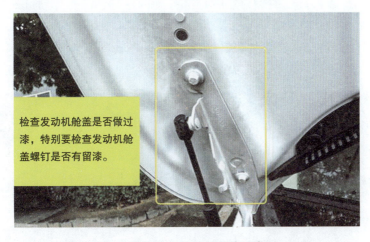

图 2-109　发动机舱盖铰链留漆示意图(一)

**(1) 发动机舱盖修复喷漆的鉴定方法**

第一步,打开发动机舱盖,双手提起发动机舱盖,掂量一下发动机舱盖的重量,感觉比较重的,就要怀疑发动机舱盖是否修复喷漆过。

第二步,用发动机舱盖撑杆撑起发动机舱盖,观察舱盖内部是否有修补或喷漆的痕迹,以判断车辆是否发生过碰撞事故。

第三步，使用漆膜仪检查发动机舱盖漆面的厚度，以判断发动机舱盖是否喷过漆。

**（2）更换过发动机舱盖的鉴定方法**

一是观察发动机舱盖内的标贴是否存在（并不是所有车型都贴在发动机舱盖上，有些车型贴在散热器框架上），喷漆修复过或更换过发动机舱盖后标贴就不复存在（图2-108）。

二是观察发动机舱盖铰链上螺钉是否拆装过，如果发动机舱盖铰链上的螺钉拧动过，发动机舱盖又没有修复过的痕迹，发动机舱盖就可能是更换过（图2-110）。

图2-110　发动机舱盖铰链留漆示意图（二）

检查发动机舱盖铰链处的螺栓是否存在拧动的痕迹，没有拧动过的如图2-111所示。

如图2-112所示，发动机舱盖铰链螺栓明显被拧动过，而且被重新喷过漆。不过在发动机舱盖上并没有发现钣金修复的痕迹，所以这个发动机舱盖可能是后期更换的。

 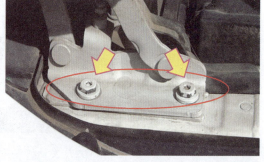

图2-111　发动机舱盖铰链螺钉没有拧动过示意图　　图2-112　发动机舱盖铰链螺钉拧动过痕迹示意图

**2. 前保险杠、前照灯、散热器框架的检查**

汽车发生前部碰撞时，最先碰撞的是保险杠、前照灯，然后就是散热器支架（俗称龙门架）（图2-113、图2-114）。保险杠、前照灯都是塑料件，发生事故时容易损坏，开裂修复痕迹只要注意观察就很容易鉴别出来（图2-115）。

图2-113 检查龙门架上标贴示意图

图2-114 检查龙门架示意图

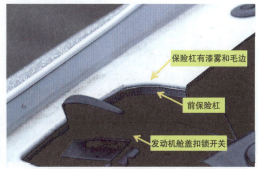

图2-115 前保险杠留漆示意图

打开发动机舱盖后能够清晰地看见,保险杠上沿有漆雾现象(图2-115),而且有毛边。一般情况下,原厂保险杠做工较好,不会出现这样的情况,说明前保险杠可能更换过。

**前照灯更换的鉴别方法:** 一是左右两个灯对比,如果一个新一个旧(图2-116),那么新的就是更换过的灯;二是如果左右一样新,但和使用年限明显不匹配,就是两个灯同时更换的。检查灯的生产日期,如果生产日期晚于整车的生产日期,那么就可以判断两个前照灯已经更换过。

如图2-117所示,这辆车的整车出厂日期为2014年6月,但是右前照灯灯的生产日期为2014年9月23日,所以这个前照灯很有可能是更换过了的(图2-118)。

图2-116 检查前照灯新旧程度示意图

图2-117 前照灯生产日期与整车出厂日期比对示意图

项目二 二手车静态技术鉴定

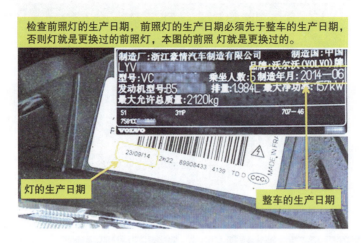

图 2-118　检查前照灯生产日期示意图

### 3. 车头结构部件的检查

一辆车一旦发生碰撞，首先受损的一般都是覆盖件，比如发动机舱盖、保险杠、翼子板等。但是如果碰撞的强度非常大，就会波及发动机舱内的各种结构部件，由于冲击力较大，发动机舱内各种连接部位的固定件就容易产生位移（图2-119、图2-120）。

通过观察翼子板内侧结构件是否有焊接修复的痕迹（图2-121），可以判断车辆是否碰撞过，但这只是初步判断，还要结合纵梁、减振器座等多部位的情况综合判断车身是否发生过重大碰撞。

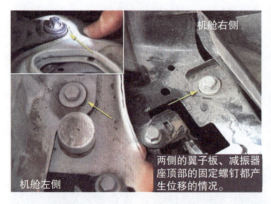

图 2-119　发动机结构舱示意图

图 2-120　翼子板固定螺钉位移示意图

发动机舱结构件和避振塔的检查

发动机舱的减振器座（避振塔）是非常重要的一个部件。减振器座属于一个比较脆、比较敏感的区域（图2-122），如果减振器座变形会影响减振和悬架的角度，也就是车轮定位参数会改变，通俗讲就是车子很可能是"外八字"或者"内八字"在路上行驶，会引起吃胎、跑偏、方向重、方向不回位等故障。

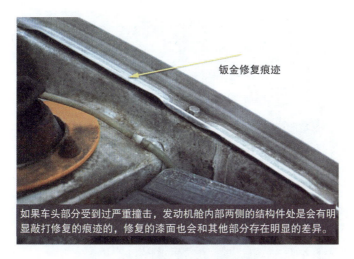

图2-121 发动机舱两侧结构件示意图

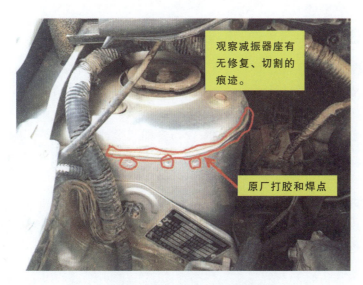

避振塔打胶的检查

图2-122 减振器座结构示意图

通过鉴定减振器座的方法去判断事故，主要有以下三种情况：

第一种是侧面撞击。从侧面撞击到车身之后，很容易使减振器座报废（图2-123），而且从结构上来说，在侧面比较严重的撞击不仅伤了减振器座，同侧的纵梁也可能伤及，因此纵梁也要仔细检查。

第二种是正面撞击而伤及减振器座。一般出过这种事故的车不会进行修复，因为正面有过这么大的撞击，发动机总成和纵梁都发生严重变形了，已经没有再修复的价值了。

第三种是进行减振改装的车辆，比如气动、绞牙减振改装。玩改装的都喜欢把车降低，然后调硬减振阻尼，这样车显得特别好看，特别有姿态。减振改装调硬了之后减振器座所承受的振动会更大，久而久之，大多都会造成车架变形或者减振器顶部变形。

> 这是一个经切割、焊接修复的减振器座。

图2-123 减振器座维修切割示意图

## 二、发动机机械、电器元件的检查

发动机静态检查主要是检查发动机有无漏油、漏水,发动机部件有无拆装过,发动机舱的规整情况等。

**第一,打开发动机舱盖后,检查发动机外部清洁情况**

如有少量油迹和灰尘是正常的(图2-124)。如灰尘过多,那么车辆可能磨损较大,如一尘不染,则要特别注意了,可能是车主为掩盖一些信息而做了细心的清洁,比如二手车商的车。

**第二,机油油位、品质的检查**

如油位过高,说明发动机严重窜气或漏水。机油颜色检测可用白纸擦拭,新的机油呈透亮的金黄色(图2-125),如颜色变黑,属于正常。如为其他颜色是不正常现象。

图2-124 发动机上有少量油迹和灰尘属正常现象

图2-125 新机油颜色呈透亮的金黄色

使用一段时间后，机油颜色会变黑，但黏度没问题（图2-126），属正常现象。使用时间较长的机油除变黑外，黏度会严重下降（图2-127）。

图2-126 使用一段时间后机油的颜色　　图2-127 使用时间较长后机油的颜色

在检查机油盖口时，要在拧开机油盖后观察其底部，正常的应该比较干净（图2-128）。保养不好或发动机磨损严重的车辆，打开机油盖后可以看到气门室内有油泥（图2-129），如果有这种情况发生，发动机可能需要大修，这对车辆的价格影响非常大。从发动机这些情况的好坏，可以间接判断车辆的保养状况、原车主对车的爱护程度。

如机油盖底部有一层黏稠的深色乳状物（图2-130），还有与油污混合的小水滴，这种情况下发动机就不正常了，可能是缸垫、缸盖或缸体有损坏，防冻液渗入机油中，就是通常说的机油进水。

图2-128 保养良好的车机油盖口示意图　　图2-129 机油盖口内油泥示意图

图2-130 机油进水变乳白示意图

**第三,检查发动机冷却液**(图2-131)

发动机冷却液的检测必须在车辆静止的状态下进行,因为如车辆起动,很容易被冷却液烫伤。检查冷却液面上是否有其他的异物漂浮,如有油污浮起,说明可能有机油渗入到里面;如发现锈蚀的粉屑漂浮,说明散热器内的锈蚀情况已经很严重,这对发动机的影响很大。

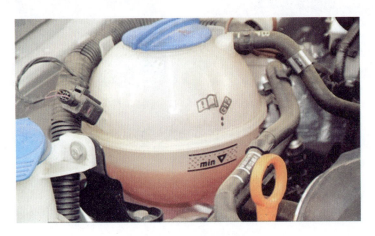

图2-131 冷却液罐示意图

**第四,检查电路系统**

通过观察孔检查蓄电池的状态,绿色为正常(图2-132),变白说明蓄电池到期了,一般蓄电池的寿命为2年左右。另外就是检查点火系统高压线、高压包的状况(图2-133)。

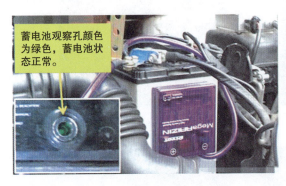

图2-132 检查蓄电池示意图

图2-133 检查发动电路系统示意图

**第五,检查发动机有无拆装、维修过**

主要检查气门室盖、气缸盖接合面密封胶的痕迹(图2-134),气门室盖,水泵,进、排气管等外围附件的螺钉有没有拧动过(图2-135～图2-137),如果拧动过,说明发动机维修过。

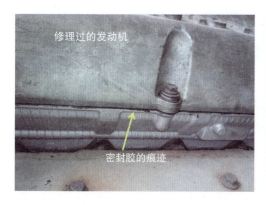
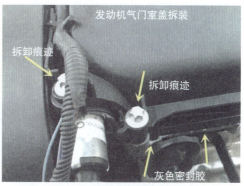

图2-134　气门室盖拆装过重新上密封胶示意图　　图2-135　气门室盖螺钉拧动过示意图

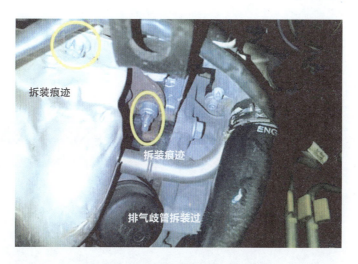

图2-136　排气管螺钉拧动过示意图

图2-137　发动机附件螺钉拧动过示意图

项目二　二手车静态技术鉴定

## 任务六　行李箱及后保险杠、后围板的检查

轻微追尾的事故会伤及后保险杠、后围板、行李箱盖，严重的会伤及行李箱底板、后翼子板。行李箱的检查主要包括行李箱盖、行李箱底板、后保险杠、后围板、后翼子板的检查。

### 一、行李箱盖的检查

打开行李箱盖，首先观察后盖内侧有没有敲打、喷漆过的痕迹（图2-138、图2-139）；其次观察后盖边缘打胶情况，没有事故修复过的车辆打胶均匀平整光滑（图2-140），修复后打胶粗糙不平整（图2-141）；然后观察后盖铰链螺钉有没有拧动过，没拧动过的螺钉上没有痕迹，油漆颜色与车身车漆颜色一样，拧动过的螺钉会留下痕迹（图2-142）。

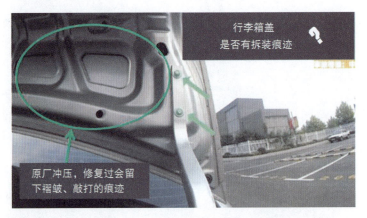

图2-138　三厢车行李箱盖示意图

图2-139　两厢车后盖示意图

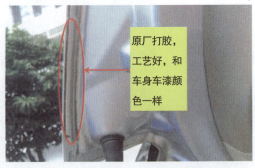

图2-140　后盖原厂打胶示意图

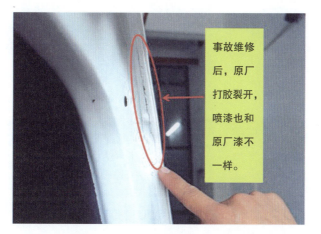

图2-141　后盖修复后打胶示意图

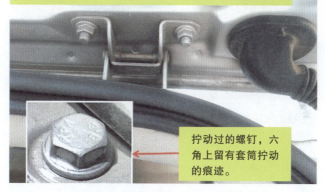

图2-142　检查后盖螺钉是否拧动过示意图

## 二、后保险杠、后围板的检查

观察后保险杠的卡扣有没有撬动过（图2-143）、后围板有没有敲打、生锈、喷漆过的痕迹（图2-144、图2-145）。如果有生锈（图2-146）、焊接过（图2-147）的痕迹，就要重点检查行李箱底板、后翼子板内衬是否修理过。

图2-143　检查后保险杠是否拆装示意图

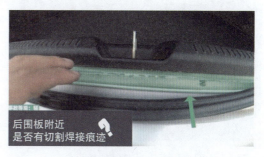

图2-144　检查后围板是否有切割焊接痕迹示意图

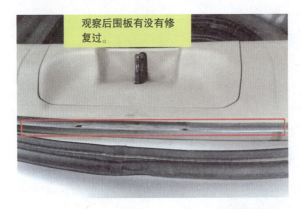

图2-145 没有修复过的后围板示意图

图2-146 修复过已生锈的后围板示意图

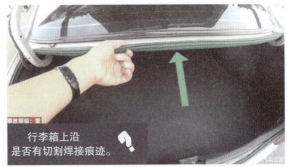

图2-147 检查后围板是否有切割焊接痕迹示意图

### 三、行李箱底板的检查

把行李箱盖板取下，观察底板有没有敲打、喷漆过的痕迹（图2-148）。轿车的行李箱备胎座是冲压成型的，棱角分明（图2-149）。

如果看到备胎箱有更换或者敲击复位的痕迹（图2-150），这辆车后部一定发生过事故。敲击复位的痕迹很容易就能看出，把备胎拿出来之后就能明显地看到很不正常的敲击痕迹。

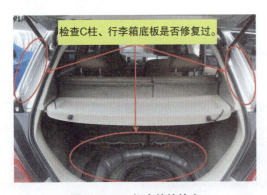

图2-148 行李箱的检查

图2-149 没有修复过行李箱的备胎底板示意图

如果发生过比较严重的撞击，行李箱底板已经更换过又怎么检查呢？这就要从行李箱底座周围的打胶情况进行仔细检查了。在切割的位置都会打上钣金胶（图2-151），原厂打的胶平整，与车的颜色一样，切割修复后打的胶粗糙、不平整，颜色也与车漆不一样。

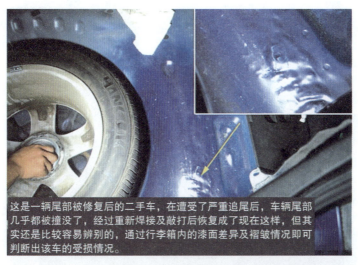

行李箱的检查

图2-150　修复过行李箱的备胎底板示意图

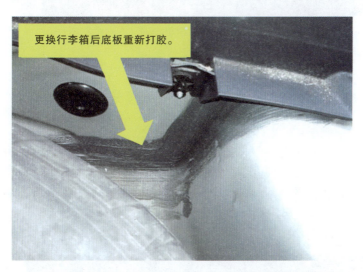

图2-151　更换行李箱的备胎底板重新打胶示意图

### 四、行李箱框架的检查

行李箱框架的检查是判断是否发生过车辆追尾的重要依据。对于两厢车来说，主要检查尾门框和C柱之间的框架（图2-152），没有修复过的尾门框，打胶均匀、棱角分明，左右对称（图2-153）。对于三厢车来说，主要检查后翼子板框架（图2-154）。

图2-152 没有修复过的两厢车行李箱框架(右)示意图

图2-153 没有修复过的两厢车行李箱框架(左)示意图

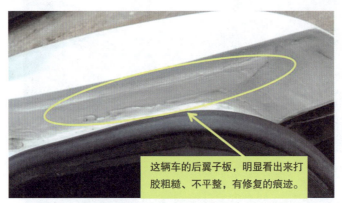

图2-154 修复过的三厢车行李箱框架(右)示意图

## 任务七 如何鉴定调表车

现在修理的技术越来越先进,调低里程表的公里数成为相当简单的事。有些车主或者二手车商为了让车辆卖个好价钱,私自对车辆进行"整容"、调低里程数(图2-155),让消费者了解不到车辆的真实状况。在购买二手车时,里程数只能作为一项参考,不要把它当作衡量车况的唯一指标。当然,学会辨别二手车的真实里程数也是非常重要的。检测二手车是否调过里程表,主要从以下几个方面进行检查。

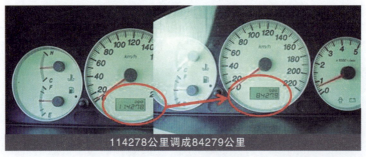

图2-155 调表示意图

## 一、通过4S店查询准确公里数判断是否为调表车

同一品牌的汽车4S店数据库都联网了,汽车的维修和保养记录(图2-156)都可以在4S店查到。但这通常只对那些在4S店维修保养的汽车比较适用,因为一些车主不去4S店维修保养,就不会有维修、保养记录。

图2-156　4S店维修保养记录示意图

## 二、检查转向盘的磨损情况判断是否为调表车

正常的情况下,更换转向盘的可能性很小,转向盘在每天的转动中,不知不觉中就会留下很深的印记,所以它最能反映用车频率。不过也有车主会用转向盘套,增加了判断的难度,还有每个驾驶人的驾驶习惯不一样,手握的位置也不一样,并不一定都是3点、9点的位置握得最多,检查时要找准位置(图2-157)。

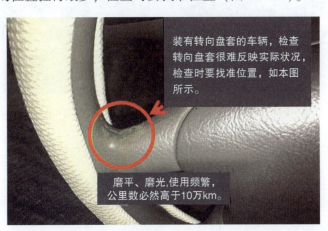

图2-157　找准转向盘检查位置示意图

**【示例一】** 行驶里程为 14 万多 km 的骐达车转向盘磨损情况如图 2-158 所示，本车是装有转向盘套的，磨损的位置在常按喇叭的位置，这个位置磨得比较光。

图 2-158　行驶里程为 14 万 km 的骐达车转向盘示意图

**【示例二】** 13 年车龄行驶里程 20 万 km 大众车转向盘磨损情况如图 2-159 所示，本车是装有转向盘套的，磨损的位置在 3 点、9 点的位置。

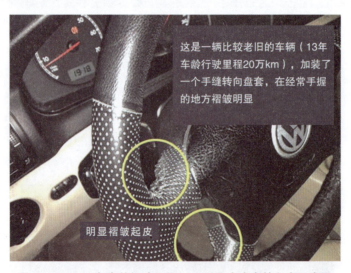

图 2-159　13 年车龄行驶里程 20 万 km 大众车转向盘示意图

### 三、检查驾驶人座椅磨损情况判断是否为调表车

驾驶人座椅主要检查靠近车门一侧，用了一定年限、里程的车辆会留下印痕及破损，就好比一个人一样，随着年龄的增长，脸上会留下皱纹。行驶里程 10 万 km 以上的车辆还伴有一定塌陷。

**【示例一】** 6 年车龄座椅磨损状况如图 2-160 所示，靠近车门一侧的座椅有掉皮、轻微的印痕、塌陷，相当于一个中年人了。

【示例二】10年车龄座椅磨损状况如图2-161所示，座椅有掉皮、塌陷、严重的印痕，相当于一个老年人了。

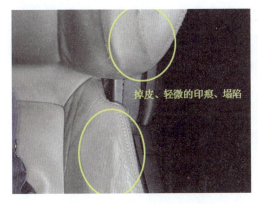

图2-160　6年车龄座椅示意图

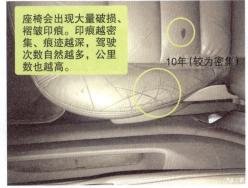

图2-161　10年车龄座椅示意图

【示例三】7年车龄行驶里程14万km的骐达车驾驶人座椅磨损状况如图2-162所示，已经掉皮、塌陷。

【示例四】行驶里程15万km的车辆驾驶人座位置车门侧塌陷情况如图2-163所示，靠近车门一侧有较严重的塌陷。

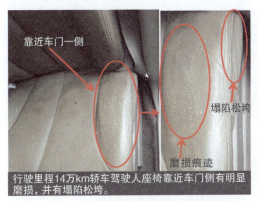

图2-162　7年车龄行驶里程14万km的骐达车驾驶人座椅磨损状况示意图

图2-163　行驶里程15万km的车辆驾驶人座位置车门侧塌陷情况

## 四、检查车门饰板的磨损情况判断是否为调表车

车门饰板首先要检查扶手位置，上了一定里程的车辆会看到磨损及油光，如图2-164所示。

其次，检查车门上的开关键磨损情况（图2-165），车门上的开关键用了一定年限后会油光或掉字，如果出现掉字，车辆行驶一般有20万km以上。

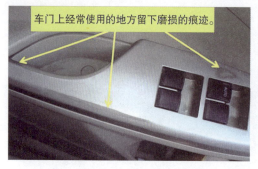
图2-164 车门内饰板的检查

图2-165 车门开关按键检查示意图

### 五、检查变速杆的磨损情况判断是否为调表车

只要开车，肯定用到变速杆，使用多了变速杆头就会留下磨损的痕迹，使用里程越多磨损就越明显（图2-166），另外使用一定年限的车变速杆防尘套会老化掉皮，有些车会更换新的（图2-167）。

图2-166 变速杆磨损检查示意图

图2-167 变速杆防尘套检查示意图

【示例一】7年车龄行驶里程14.7万km骐达车变速杆磨损状况如图2-168所示，变速杆头已经磨光。

【示例二】10年车龄行驶里程25万km车变速杆磨损状况，变速杆头磨损严重（图2-169）。

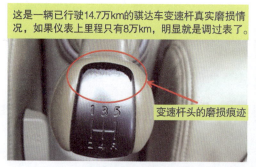
图2-168 7年车龄行驶里程14.7万km骐达车变速杆磨损状况示意图

图2-169 10年车龄行驶里程25万km车变速杆磨损状况示意图

### 六、检查离合器踏板、制动踏板、加速踏板的磨损情况判断是否为调表车

加速踏板使用频率最高,其次是离合器踏板、制动踏板,这三个踏板反映了车辆使用状况(图2-170)。

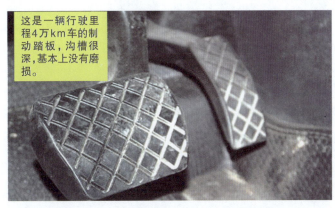

图2-170 检查加速、制动踏板的磨损状况

【示例一】行驶里程14.7万km的骐达车三个踏板的磨损状况如图2-171所示。

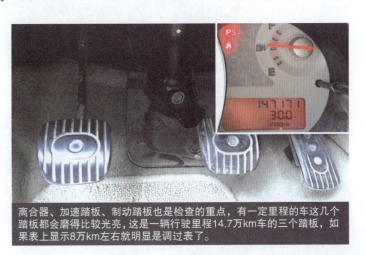

图2-171 行驶里程14.7万km的骐达车三个踏板的磨损状况示意图

【示例二】行驶里程23万km的车辆三个踏板的磨损状况如图2-172所示,加速踏板、离合器踏板磨损都比较严重。

【示例三】行驶里程30万km以上的车辆三个踏板的磨损状况如图2-173所示,三个踏板破损都非常严重。

图2-172　行驶里程23万km的车三个踏板的磨损状况示意图

图2-173　行驶里程30万km的车辆三个踏板的磨损状况示意图

### 七、检查制动片的磨损情况判断是否为调表车

制动盘的磨损状况反映了一辆车的行驶里程，正常情况10万km无需更换（图2-174）。检查时要特别注意，制动盘内侧磨损要比外侧大（图2-175）。如果一辆使用了5年以上的车辆但制动盘却很新，那说明这辆车更换过制动盘，其行驶公里数肯定是要超过10万km或者更多。

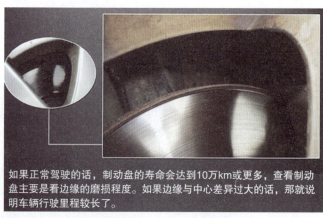

如果正常驾驶的话，制动盘的寿命会达到10万km或更多，查看制动盘主要是看边缘的磨损程度。如果边缘与中心差异过大的话，那就说明车辆行驶里程较长了。

图2-174　检查制动盘的磨损状况

一般来说，在城市道路行驶的轿车，制动盘寿命可以达到10万km甚至更多，本图为一辆已行驶14.7万km骐达车制动盘的磨损状况，外侧磨损比较少，但内侧磨损会比外侧严重，检查时要特别注意。

图2-175　制动盘内侧比外侧的磨损大

## 八、检查轮胎的磨损情况判断是否为调表车

轮胎在行驶三四万千米后磨损一般不太明显（图2-176），另外就是比对轮胎的生产日期是不是在整车出厂之后，判断轮胎是不是更换过（图2-177），更换轮胎的次数也是判断车辆里程的依据之一。

图2-176　检查轮胎磨损情况判断行驶里程

图2-177　比对生产日期判断轮胎是否更换

### 九、调表案例

如图2-178所示为一辆已行驶7年的标致308轿车,仪表上显示里程为60610km(图2-179),检查发现后制动片已更换,制动盘磨损沟槽较深(图2-180)(前驱车辆前轮制动片、前制动盘磨损要比后轮快,一般前轮更换两次后轮才更换一次制动片),轮胎已更换2013年07周生产的轮胎,并且已磨损至极限1.6mm(图2-181)。制动、加速踏板也有一定磨损(图2-182)。

图2-178　2009年10出厂的标致308

图2-179　仪表显示里程数为60610km

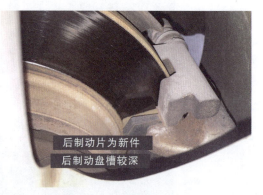

图2-180　后制动片已更换

前部轮胎生产日期为2016年,刚更换不久;后部轮胎生产日期为13年07周,已磨损至极限1.6mm。

图 2-181　已更换了 2013 年生产的轮胎

图 2-182　制动踏板，加速踏板磨损严重

综合以上检查，经验判断此车行驶公里数应为 10 万 km 以上，判定这是一辆调表车。

## 任务八　如何识别泡水车

一般而言，泡水车按受损情况大致可以分为三种：第一种为水面超过车轮，车辆脚垫位置出现积水情况，第二种为水面浸湿座椅或超过中控台，第三种情况为水面直接超过了车体。第一种情况损害比较轻微，第二、第三种情况就比较严重了。

## 一、鉴别泡水车的方法

① 闻味,进入车内闻一下有没有发霉的异味。
② 检查发动机舱、车舱、行李箱是否有泥沙、锈蚀。
③ 查看座椅是否软硬不一。
④ 查看中控台空调、音响各功能键、液晶屏是否明暗不一。
⑤ 检查底盘是否过度锈蚀。

**鉴定泡水车主要从三个地方观察:一是内饰,二是行李箱,三是发动机舱。**

## 二、检查内饰鉴别泡水车

### 1. 检查座椅鉴别泡水车

判断泡水车可以从很多方面去看,如可以从座椅的手感、气味去判断,泡过水的座椅即便是在强力清洗之后,还是会有股刺鼻的霉味,而且泡水的地方相比没有泡的地方手感相差很大。

先来看看车内座椅。无论是织布还是真皮材质的座椅,如果进水,那么表面肯定会产生一些泛黄的水迹,即使清理后,座椅的表面也会有不同程度的色差。另外,由于汽车座椅大部分采用发泡海绵材质,进水后材质相对会偏硬,而且软硬会不均,大力按压边缘的话可以发现区别(图2-183),无论何种材质座椅,进水后材质相对会偏硬,而且软硬会不均。

### 2. 检查车门饰板鉴别泡水车

如果车门采用布艺或真皮包裹,也要注意查看细节。车门的布艺或真皮材质经过水泡后,是很难修复的,只有通过后期重新包裹才能弥补(图2-184),而这也是很多商家很喜欢使用的方法,不容易看出来,而且费用并不高。

图2-183　按压座椅检查软硬度

图2-184　重新包裹车门饰板

### 3. 检查室内铁件鉴别泡水车

室内铁件泡水后就容易生锈,特别是座椅底部支架(图2-185)、导轨(图2-186)、底座(图2-187)、转向柱(图2-188)等。

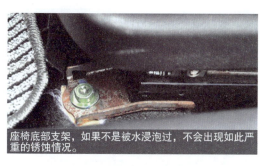

图2-185 泡水后生锈的座椅底部支架

图2-186 泡水后生锈的座椅导轨

图2-187 泡水后生锈的座椅底座

图2-188 泡水后生锈的离合器支架、转向柱

### 4. 检查车内地毯鉴别泡水车

①检查地毯的手感。车内植绒地毯也是一个重要的观察点,可以通过用手触摸的方式进行判断,主要留意地毯的毛是否柔顺、有无被刷子刷过后起球的情况。正常的地毯,应该手感比较柔软、细腻,而经过水洗后,摸上去手感会发硬、发涩(图2-189)。

②检查地毯是否残留有泥沙(图2-190)。

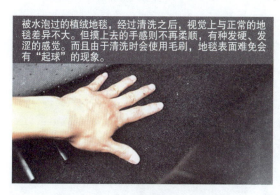

图2-189 检查地毯手感示意图

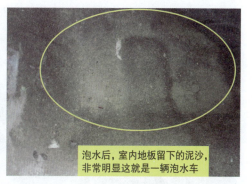

图2-190 检查地毯是否残留泥沙示意图

③检查地毯是否发霉、霉烂(图2-191、图2-192)。

图2-191 检查地毯是否发霉、霉烂示意图(一)　　图2-192 检查地毯是否发霉、霉烂示意图(二)

④在检查地毯的同时顺便检查门槛，这地方最容易藏沙（图2-193）。

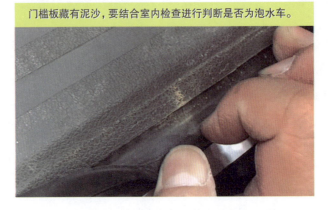

图2-193 检查门槛板是否藏沙

**5. 检查安全带鉴别泡水车**

安全带在泡水车清洗时是一个比较容易忽略的地方。经过污水浸泡后的安全带，上面会留有较明显的水迹，而且不容易被清除，会产生霉斑（图2-194），清洗后也会留下霉斑（图2-195），可以通过观察安全带泡水痕迹，来判断该车的泡水深度。

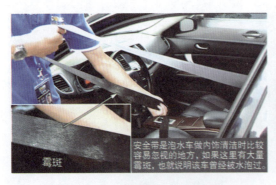 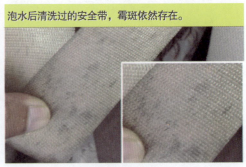

图2-194 安全带的检查示意图　　图2-195 安全带的霉斑清洗后留下的痕迹

**6. 检查中控台鉴定泡水车**

中控台同样是检查重点（图2-196）。检查中控台最好的办法就是查看空调、音响各功能按键是否正常，手感是否有差异，泡水车按键会有发涩感（图2-197）。如果车内有液晶显示屏，可以观察液晶屏是否明暗不一（图2-198）。

图2-196 检查中控台

图2-197 检查中控台各功能按键

图2-198 检查液晶显示屏

### 三、检查发动机舱鉴别泡水车

**1. 发动机内侧防火板的检查**

发动机内侧的防火板，因为零部件排列很密集，防火板的位置在最内侧（图2-199），如果有水淹，就很容易留下痕迹，而且由于位置所限，一般都不更换。

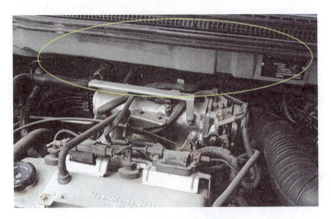

图 2-199 发动机防火板的检查

**2. 发动机舱内容易藏泥沙地方的检查**

例如熔丝（图 2-200）、继电器盒、线束（图 2-201）等，这些地方如果藏有泥沙，一般难以清洁，除非更换新件。

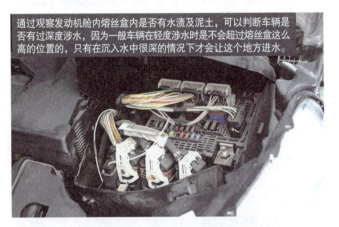

通过观察发动机舱内熔丝盒内是否有水渍及泥土，可以判断车辆是否有过深度涉水，因为一般车辆在轻度涉水时是不会超过熔丝盒这么高的位置的，只有在沉入水中很深的情况下才会让这个地方进水。

图 2-200 熔丝、继电器盒的检查

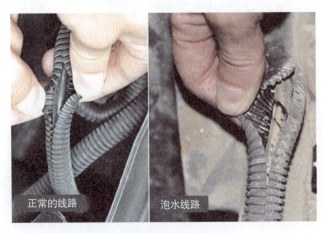

图 2-201 线束的检查

### 3. 发动机缸体的检查

雨水尤其是海水多少都会腐蚀金属，所以通过车内以及发动机舱便能看出车子是否泡过水。如图 2-202 所示的发动机，泡水之后发动机表面会生一层白蒙蒙的霉点。发动机舱里面的螺钉也会生锈，即便是把铁锈清洗之后，螺钉上面也会留有一层油渍（是防生锈之用）。

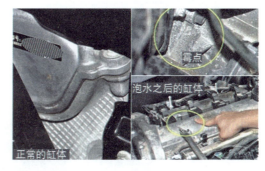

图 2-202　发动机缸体的检查

## 四、检查行李箱鉴定泡水车

行李箱是泡水车检查的关键部位，如果备胎底部有水迹或者锈迹，就说明行李箱很可能进过水。

主要检查行李箱有无水渍（图 2-203）、残留泥沙（图 2-204）、底板是否生锈（图 2-205）、随车工具是否生锈（图 2-206）。如果发现有残留泥沙，并有生锈的地方，可以判定为泡水车。

图 2-203　检查行李箱有无水渍

图 2-204　检查行李箱有泥沙

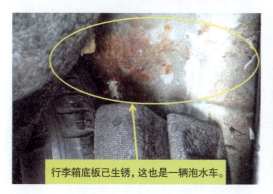

图 2-205　行李箱底板泡水生锈示意图

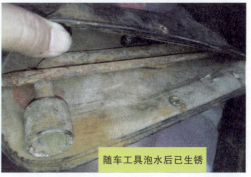

图 2-206　随车工具泡水生锈示意图

### 五、检查底盘鉴定泡水车

升起车辆检查底盘非常直观,可以查看各零件的锈蚀程度。与普通用车被水侵蚀的不同,泡水车的底盘由于长时间被水淹没,锈蚀更为明显,而且排气管的位置会有明显的锈蚀出现(图2-207)。

图2-207 泡水车底盘的检查

**总结**

通常,水面超过车轮车内有一定积水的情况最多,出现这种情况并不可怕,只需将车内的积水清出去即可,车内残留的水分通过在阳光下暴晒即可排出,短时间内车里会残存一些霉味,不过时间长了之后就和正常车没有什么区别了。在挑选时,首先要注意车内是否有霉味,然后去查看地板是否有潮湿、发霉、座椅底下的铁件是否生锈等情况。如果有上述情况,那么就要留心了,需要仔细检查中控台,因为这里是泡水车的分界点。

如果积水超过中控台,属于严重泡水,这样的车子就不要购买了。水面超过中控台的泡水车,大部分的电器、内饰都已泡水,隐患很多。这种泡水车不仅座椅内的水分很难消除,而且电器元件里的水分也会长期积聚,后期用车隐患很多。

一定要对中控台按键仔细检查,各功能按键是否正常,手感是否有差异,如果车内有液晶显示屏,可以观察液晶屏是否明暗不一。

## 任务九　解读车上的数字密码

### 一、解读VIN码的秘密

VIN码即车辆的识别码,相当于车辆的"身份证",每款车型都有一个不同的识别码，它们由字母和数字组成（图2-208）。通过汽车的识别码，可以直接看出车辆的国别、生产时间、型号等信息。

图2-208 VIN码示意图

**1. 挑选二手车只有两位VIN码最关键**

虽然车辆识别码由17位数字组成（图2-209），不过对于二手车而言，只有两位才是最关键的，只要记住这两位数字，对于一些潜在问题就可以很好的分析。首先，要记住的是首位编码，首位编码代表制造商，也就是哪个国家生产的（1代表美国、L代表中国、V代表法国、W代表德国、K代表韩国等），比如：我们买一辆德国的原装进口车，如果车辆识别码是W，那就说明车辆没问题，如果是别的数字，那么就要小心了，有可能车架号重新打过，或存在其他问题。

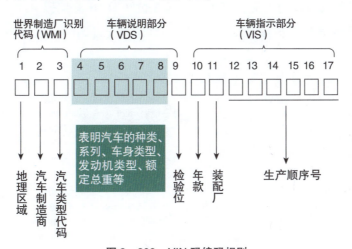

图2-209 VIN码编码规则

除了首字母，第10位编码表示生产年份，即出厂时间，例如：一款不错的老车，登记证是2002年，但车辆识别码第10位是W，那么就说明这辆是1998年生产的，属于积压已久的库存车。

项目二　二手车静态技术鉴定

## 2. 车辆识别码在车上的位置

车辆识别码大多在非常明显的位置，比如前风窗玻璃左下角（驾驶人侧）、右侧防火板上（图2-210），通过这些地方很容易找到车辆的识别码。也有一些车型比较特殊，车辆识别码在别的地方，比如标致307的车辆识别（VIN）码除风窗玻璃下外，在车辆铭牌和右前减振器上部的车身上也能找到，而有的车型车辆识别（VIN）码则在行李箱，或其他一些地方。

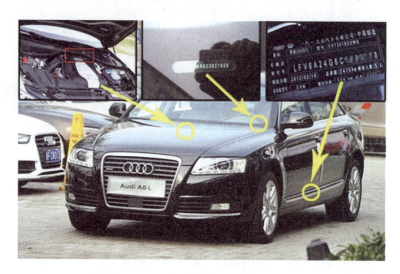

VIN 的检查

图2-210　VIN码在车上的位置

## 3. 要了解3位编码的含义，第1位、第2位和第10位编码

第1位编码代表生产国家或地区（图2-211）。通过编码可以直接看出车子的出产地。

第2位编码代表汽车制造商（图2-212）。

```
1—美国        R—中国台湾
2—加拿大      S—英国
3—墨西哥      T—瑞士
4—美国        V—法国
6—澳大利亚    W—德国
9—巴西        Y—瑞典
J—日本        Z—意大利
K—韩国
L—中国
```

```
1 – Chevrolet      A – Jaguar      H – Honda
2 – Pontiac        B – BMW         L – Daewoo
3 – Oldsmobile     B – Dodge       M – Hyundai
4 – Buick          C – Chrysler    M – Mitsubishi
5 – Pontiac        D – Mercedes    M – Mercury
6 – Cadillac       E – Eagle       N – Infiniti
7 – GM Canada      F – Ford        N – Nissan
8 – isuzu          G – General     P – Plymouth
A – Alfa Romeo     G – Suzuki      S – Subaru
A – Audi           H – Acura       T – Lexus
```

图2-211　VIN码第1位编码代表含义　　图2-212　VIN码第2位编码代表含义

第10位编码代表车型年份（图2-213）。

字母与数字循环使用，30 年为一个周期。

| 年份 | 代码 | 年份 | 代码 | 年份 | 代码 | 年份 | 代码 |
| --- | --- | --- | --- | --- | --- | --- | --- |
| 1991 | M | 2001 | 1 | 2011 | B | 2021 | M |
| 1992 | N | 2002 | 2 | 2012 | C | 2022 | N |
| 1993 | P | 2003 | 3 | 2013 | D | 2023 | P |
| 1994 | R | 2004 | 4 | 2014 | E | 2024 | R |
| 1995 | S | 2005 | 5 | 2015 | F | 2025 | S |
| 1996 | T | 2006 | 6 | 2016 | G | 2026 | T |
| 1997 | V | 2007 | 7 | 2017 | H | 2027 | V |
| 1998 | W | 2008 | 8 | 2018 | J | 2028 | W |
| 1999 | X | 2009 | 9 | 2019 | K | 2029 | X |
| 2000 | Y | 2010 | A | 2020 | L | 2030 | Y |

比如 1999 年出厂的车辆用字母"X"表示，30 年之后的 2029 年字母"X"将再次启用

图 2-213　VIN 码第 10 位编码代表含义

**总 结**

无论是挑选二手车还是新车，车辆识别码对鉴定都起着参考作用，尤其是首位编码和第 10 位编码，它们可以直接反映车辆的国别和生产时间。有了这些基础知识，在挑选车辆时，可以直接看出车辆的具体信息，尤其对于二手车而言，车辆识别编码反映的车辆信息更有参考意义。例如，同样一辆宝马 5 系轿车，如果 VIN 的首位是 W 那么就是原装进口德国的，如果首位是 L 那么就是华晨宝马生产的。

## 二、解读玻璃上的密码

汽车玻璃非常重要，它不仅能够阻挡热量、减弱速度感，同时也是汽车安全系统的重要组成部分。汽车上的每块玻璃都印有相关的标识（图 2-214），具体包括以下几个方面。

图 2-214　玻璃上的标识

### 1. 汽车生产厂商的品牌 Logo

玻璃上会打上汽车生产厂商的品牌 Logo，一般情况下这个是一块玻璃上最大的 Logo。例如奥迪汽车公司会打上奥迪的 Logo，福特汽车公司会打上福特的 Logo（图 2-215）。

图 2-215　玻璃上汽车生产厂商的品牌 Logo

### 2. 玻璃生产厂商的品牌 Logo

除了在玻璃上打上汽车生产厂商的品牌 Logo 外，还会打上玻璃生产厂商的品牌 Logo，例如我国著名的福耀玻璃等（图 2-216），常见轿车配套玻璃品牌如图 2-217 所示。

图 2-216　玻璃生产厂商品牌 Logo

**福耀**：福耀集团是国内最具规模、技术水平最高、出口量最大的汽车玻璃生产供应商。

**圣戈班**：法国圣戈班集团（Saint-Gobain）在 1665 年由 Colbert 先生创立。圣戈班在高档车型中所占份额较大。

**AGC**：旭硝子株式会社，是日本一家玻璃制品公司，为全球第二大玻璃制品公司，1907 年成立至今已有超过一百年的历史。

**皮尔金顿**：英国皮尔金顿公司作为世界上最大的玻璃生产集团之一，创建于 1826 年英国 St. Helens，在全球拥有 25 个生产基地，销售公司遍布 130 个国家，是路虎的御用品牌。

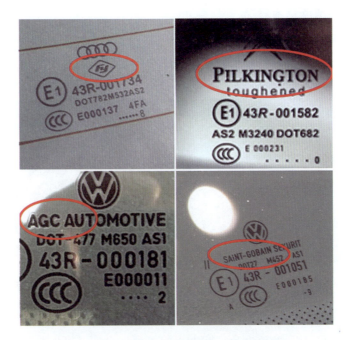

图 2-217 玻璃上的玻璃生产厂商品牌 Logo

**3. 玻璃的生产日期**

玻璃上并没有直接标明生产日期，而是通过一些符号进行标识（图 2-218）。

图 2-218 玻璃上的生产日期标识

如图 2-218 所示，"……8""9……"这些好像摩斯电码一样的符号就是玻璃的生产日期了，其中：8、9 表示年份，就是 2008 年和 2009 年，同理 15 表示 2015 年，5 表示 2005 年。黑点在数字前，表示上半年生产，计算公式是 7-黑点数，那么图中左图就是 7-6=1，所以这块玻璃是 2008 年 1 月份生产的；如果黑点在数字后，则表示下半年生产，计算公式是 13-黑点数，那么图中右图就是 13-4=9，所以这块玻璃是 2009 年 9 月生产的。

项目二 二手车静态技术鉴定 | 085

**4. 怎样判断玻璃是否更换**

检查玻璃上的生产日期（图2-219），再与车辆铭牌上的整车出厂日期（图2-220）比对，可以判断玻璃是否更换过。玻璃作为配套的配件生产日期要比整车出厂日期早，如果发现玻璃生产日期晚于整车的出厂日期，可以判定玻璃已经更换过。

图2-219 汽车玻璃上的出厂日期　　　图2-220 汽车铭牌上的出厂日期

从以上两张图可以看出玻璃的生产日期为2009年10月，整车出厂日期为2009年11月，玻璃生产日期先于整车出厂日期，可以判定这块玻璃是原厂玻璃，没有更换过。

检查玻璃生产日期判断玻璃是否披坚更换

### 三、解读轮胎上的秘密

轮胎上的标识很多，有品牌、型号、生产日期等（图2-221）。鉴定二手车主要要了解轮胎的品牌、生产日期。轮胎的型号含有一串数字及英文标识，其含义如图2-222所示。

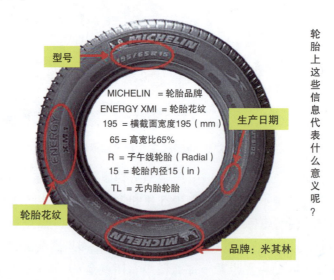

图2-221 轮胎上的标识

**轮胎规格标识（轿车）**

**175/70　R　13　82　T　ENERGY　XM1　TL**

175 = 名义上的横截面宽（mm）
70 = 高宽比
R = 子午线结构
13 = 名义上的轮胎内直径即名义上的轮辋直径（in）
82 = 负载指数（即表示此轮胎最高负载为475kg）
T = 速度级别（即表示此轮胎最高速度为190km/h）
ENERGY = 附属品牌（即 ENERGY 产品系列）
XM1 = 轮胎花纹（即产品名称）
TL = 无内胎轮胎

图2-222　轮胎上的型号含义

检查二手车时，最重要的是要知道轮胎的"新鲜度"，因为轮胎的使用寿命一般是3~5年。也就是说我们要知道轮胎是什么时候生产的，然而轮胎上并没有直接标明生产日期，而是通过一串数字表示，如图2-223所示。

轮胎的检查

图2-223　轮胎上的生产日期标识

## 任务十　新能源汽车的鉴定

### 一、新能源汽车的分类

新能源电动车主要分为三种类型，分别是纯电动车、插电式混合动力和增程式混合动力（油电混合车型不属于新能源纯电动汽车）。

## 1. 纯电动汽车

纯电动车是指以车载电池为动力输出，用电机驱动车轮行驶的乘用汽车。纯电动车的动力来源全部是由车载蓄电池提供，如果电池电量耗尽，就无法行驶，需要用充电桩对其充电。常见的纯电动车有特斯拉 MODELS（图 2-224），比亚迪宋 EV500（图 2-225）、荣威 ERX5、北汽 EV200、日产聆风等。

图 2-224　特斯拉 MODELS　　　　图 2-225　比亚迪宋 EV500

## 2. 插电式混合动力

插电式混合动力车是指它有电动机的同时又有发动机，而且两者都能提供动力输出，车身配有充电插口，可以用充电桩为车载电池充电；由电驱动和另外一个或多个能同时运转的单个驱动系统联合组成的汽车（主要是内燃机和电动机混联），其电池的容量很大，能够以纯电的模式行驶较长里程，并且具备充电插口，可以通过外部设备向电池充电。比如常见的丰田卡罗拉（图 2-226）、比亚迪秦（图 2-227），它在行驶时有三种工作状态，纯电动行驶时发动机不启动，加速时发动机和电动机同时输出动力，在减速时发动机停止工作，这样既能降低油耗，又能满足较好的动力输出。

　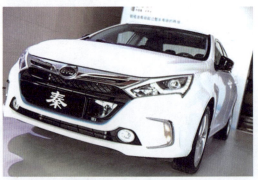

图 2-226　卡罗拉双擎　　　　图 2-227　比亚迪秦

## 3. 增程式混合动力

增程式混合动力是指一种配有充电插口和具备车载供电功能的纯电能驱动的电动

乘用车。目前该类型的车都是配备车载电池的同时还配备一个较小排量的发动机，但发动机不做动力输出。这类车通过消耗车载储存的电能来行驶，当系统判断电量低于一定储备时，配备的发动机会启动为车载电池充电，从而起到了增加行驶里程（增程）的作用。目前常见的增程式混合动力车辆有宝马 i3 增程版（图 2-228）、别克 VELITE 5（图 2-229）等。

图 2-228　宝马 i3

图 2-229　别克 VELITE 5

## 二、电动汽车的鉴定与评估

### 1. 电动汽车的鉴定

目前市场上针对二手新能源车的交易规范主要还是在参考燃油车的标准。对车辆的外观、内饰、底盘、机舱、常用功能、动态检测和车辆事故、泡水、调表、火烧排查等项目进行检查。新能源车鉴定主要是新增电动部分，包括电池（图 2-230）、电池管理系统（图 2-231）和电机（图 2-232）。

当前主流的电动汽车采用的是三元锂电池（特斯拉、宝马、北汽、江淮等车型）和磷酸铁锂电池（比亚迪等车型）。锂电池存在衰减问题，但衰减周期其实很长。一块动力电池降至初始容量的 80% 以下时，就意味该退休了。

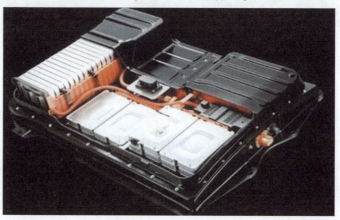

图 2-230　电动汽车电池组

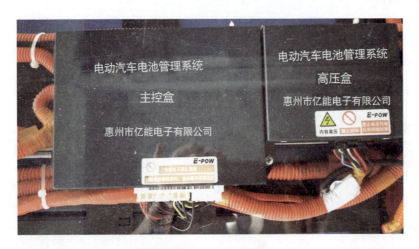

图2-231 电池管理系统

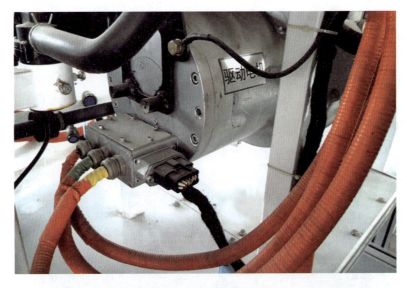

图2-232 驱动电机

对于纯电动二手车,纯电动车可以通过电脑检测电池电量使用情况(电池状态),比如电池使用寿命、衰减情况、电池密度、充放电次数等相关信息。有些车型,比如日产聆风汽车,正常行驶状态下只能看到电池剩余电量(图2-233),看不到电池状态。在行车电脑上通过菜单进入选择,就可以看到高压电池状态表(图2-234),在状态表可以看到电池的衰减量,为鉴定车辆提供关键数据。

图 2-233 日产聆风汽车仪表

图 2-234 日产聆风汽车仪表显示电池状态

电动车其他部分由于机械特性造成纯电动车不会有太大磨损,所以里程对其影响也不会太大,只要像一般燃油车检查有没有过碰撞事故就行了。

### 2. 电动车价值评估

对纯电动车除了车辆类型、规定使用年限、累计行驶里程、维护保养情况等,对其二手车残值影响最大的就集中在动力电池组的衰减上,所以电池管理系统(BMS)先进与否对二手车的保值影响很大。

目前电动汽车评估的最大问题是没有一个标准,也很难形成一个标准,因为保有量、交易量相对燃油车来量少,电动车技术也在从不成熟慢慢走向成熟阶段。

电池状态的准确数据即电池的衰减量,是评估二手电动车的重要依据。如果检测不到电池衰减量的准确数据,可以通过其行驶里程和电池的续航里程大致推断其充放电次数及电池的使用强度等做为评估参考。

国家、地方对电动车补贴政策也是影响纯电动车评估价格一个因素。纯电动车的终端售价受到每年国家补贴、地方补贴的影响,售价普遍存在一定的波动。因为国补、地补每年都在发生变化,这将直接导致二手车价格非常不稳定。

目前纯电动二手车鉴定评估没有统一的标准,所以难以形成电动二手车正常的鉴定评估和买卖流通,一般对其评估的价格都会相对偏低,很多正常使用 2~3 年的二手新能源汽车的估值甚至只能达到新车价格的 30% 左右,现阶段电动二手车的交易还只处在个人意愿的初级阶段。

## 【复习题】

**简答题**

1. 事故车的定义。
2. 结构性损伤的定义。
3. 汽车结构性损伤的特征有哪些?
4. 写出检查发动机舱盖修复、做漆的方法步骤。
5. 写出判断发动机舱盖更换的方法。
6. 怎样鉴定调表车?
7. 怎样鉴定泡水车?
8. 鉴定泡水车的具体检查内容有哪些?
9. 写出4个主流汽车玻璃品牌及原产地。
10. 怎样判断汽车玻璃是否更换过?
11. 写出10个汽车轮胎品牌的中英文标识及原产地。

# 项目三 二手车动态技术鉴定

鉴定二手车时，路试是必不可少的环节（图3-1），通过对发动机起动、怠速、起步、加速、匀速、滑行、强制减速、紧急制动，从低档位到高档位，再从高档位到低档位，检查车辆的动力性能、操控性能、制动性能、滑行性能、舒适性及排放情况等。

图3-1 二手车动态试验

## 一、二手车动态技术鉴定要领

1）路试时间最好为10~15分钟。如在旧车市场，可选择市场以外的道路。因为路试时间长，可以反映出车辆在不同行驶状态的性能。

2）原地起步加速行驶，猛踩加速踏板看提速是否敏感。在坡路上检查车辆提速是否有劲。如果表现不佳，则说明发动机功率不足。车辆使用时间长，磨损加剧，都会损失功率，这是不可避免的。路试时，最好检查高速行驶时，感觉最高车速和参数上的差距，差距不应过大。

3）手动变速器车离合器应该接合平稳，分离彻底。离合器常出现的故障是打滑和分离不彻底，这些会造成挂档困难、行驶无力、爬坡无力、变速器齿轮发出撞击声、起步抖动等。

4）宽敞路面上，以15km/h速度行驶，转向盘向左、右转动，看是否灵活，能否自动回正。撒开转向盘车辆不应跑偏。

5）点刹制动检查。以20km/h车速行驶，急踩制动然后松开，不应出现跑偏迹象。50km/h 车速时紧急制动，车辆应能立即减速，不应有跑偏迹象。同时检查驻车制动。

6）滑行性能检查。可以 30km/h 速度行驶，摘空档后，检查滑行距离，一般轿车不应少于 150m。

7）检查主减速器。以 40km/h 速度行驶，突然松开加速踏板，接着再猛踩加速踏板，看主减速器是否发出较大的声响。

8）传动检查。以 50km/h 速度行驶时，摘空档滑行，根据滑行距离估计车辆的传动效率是否高。不应有明显的阻滞情况。

9）检查减振系统。特意把车辆开到不平整路面，或多弯的路面，如果有强烈的颠簸感觉，甚至发出沉闷的响声，都说明减振系统有问题。

10）半轴球笼的检查。使用一定年限的车辆球笼会磨损，在过弯时注意听底盘有无异响。

11）下摆臂、平衡杆胶套的检查。把车开到有减速带的地方，过减速带时注意底盘的上下冲击声音，如果有特别硬的冲击声，有可能是下摆臂、平衡杆胶套磨损、破裂引起的。一般品牌的轿车 6 年以上就出现下摆臂破裂的故障。

## 二、试车前机油检查

### 1. 检查机油盖口

拧下机油盖，将它翻过来观察底部，可以在机油盖底部看到旧油甚至脏油的痕迹（图 3-2）。具体检查方法在前面章节已阐述，不再重复。

### 2. 检查机油油量

拔出机油油尺，检查油面高度，油面高度应该在网纹之间（图 3-3）。

图 3-2　检查机油盖口

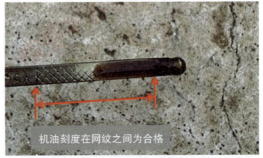

图 3-3　检查机油刻度示意图

假如机油液面过低，会因润滑不良而损坏发动机，也会给气门、气缸垫、活塞环造成损坏。观察汽车底部的地面是否有渗漏的机油。如有条件可以检测气缸压力，看是否出现泄漏而给发动机部件造成损坏。

### 3. 检查尾气

假如尾气是蓝烟（图3-4），表明气门油封失效，机油进入了气缸燃烧室；还可能是活塞环与气缸壁间隙过大或活塞环断裂等故障；或是由于机油的密封和油封老化及损坏，造成机油泄漏，消耗过多的机油（图3-4）。

### 4. 检查机油颜色

可以拿出一张纸巾，拔出机油尺在纸上擦拭，观察机油颜色和杂质的情况。合格的机油一般为均匀透明的黏稠液体（图3-5）。

图3-4 尾气检查示意图

图3-5 检查机油颜色示意图

黏度高的机油颜色略深，多级油在常温下感觉比单级油黏度小。若油品发黑、浑浊，则可视为劣质机油。若油品搅动后，出现气泡量大且15min内不能消失，则视为失效机油。

机油在使用过程中会氧化变质，加上零件磨损生成的金属磨粒，空气中杂质进入油箱和燃油不完全燃烧生成物进入机油，导致颜色加深，是正常现象。由于清洗系统中有积炭和油泥，在行驶1000~2000km后出现油品变黑，也属于正常现象。如果出现其他颜色都是不正常的现象。

假如发现机油的颜色变灰、变白或有乳化现象，说明机油中混进水。如果发生此现象则要重点检查一下车辆，可能是以下4种情况：

1）机油中进水后造成机油乳化，导致润滑不良，油泥生成量增加，也会引起发动机腐蚀，严重的会造成烧瓦事故。

2）发动机内部渗漏，造成发动机冷却液混入机油，机油中含有水。

3）发动机曲轴密封不好，导致进水。

4）发动机温度低，燃烧尾气中的水分进入机油，得不到及时蒸发，在机油中沉积。

## 三、起动车辆时灯光和仪表的检查

### 1. 仪表的检查

把点火开关打到"ON"的位置，不起动发动机，仪表上所有的警示灯都应该亮起（图3-6），有些是亮起一两秒就熄灭，这是系统自检后自动熄灭，属正常现象。发动机起动后除驻车制动灯（没松驻车制动）、安全带警告灯（没系安全带）外其余所有警示灯都应熄灭。行驶过程中所有警示灯都应熄灭，电控系统有问题警示灯才亮起，如图3-7所示，胎压不正常，胎压监控灯亮起。如有发现不正常情况，红色警告灯需要及时排查，黄色警告灯需要及时注意。车辆起动之后，绕车看一下灯光，如转向指示灯、制动车灯、前照灯，看工作是否正常。

动态试车前检查仪表

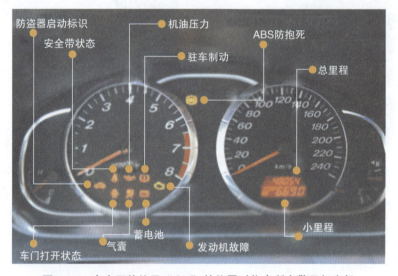

图3-6 点火开关处于"ON"的位置时仪表所有警示灯亮起

图3-7 胎压监控灯亮起

### 2. 灯光的检查

白天检查车灯的方法如图3-8所示。

图3-8 灯光的检查示意图

（1）**前照灯灯光一侧亮一侧暗** 接通前照灯后，假如只有一侧前照灯较亮，而另一侧灯光暗淡，很可能是暗淡一侧的前照灯的灯头接触不良或锈蚀，使接触电阻增大；灯光暗淡一侧的前照灯的反射镜发生了氧化或积有灰尘。

（2）**前照灯出现雾气** 有两种可能：一是进水。一般情况下，是原车密封不良。二是温差或高湿度潮气造成。

（3）**前照灯根本不亮** 如果喇叭能响，除前照灯外其他车灯都能正常发亮，说明的确存在故障，可能是前照灯电路短路、接线柱松脱、灯丝脱落等。

（4）**前照灯远光和近光只有一种** 如果前照灯只有远光而无近光，或只有近光而无远光，说明故障可能是前照灯双丝灯泡中某灯丝已被烧断，远、近光电路中存在短路、变光开关损坏等。

### 四、发动机噪声检查

发动机好比人的心脏，购买一辆理想的二手车，发动机绝对是检查重点。对于发动机的检查，一般可以通过听声音来判定其状况如何。

分析发动机噪声原因比较复杂。噪声的来源有些是因为内部零部件的正常磨损造成的，有些是人为疏忽造成的。如曾经漏过机油、防冻液或超过保养公里数限定数倍仍未保养等原因，如遇到此类车辆，购买之后需要解决的办法只能是更换部分零部件。

鉴于现在中高档车的隔音效果不错，嘈杂的环境中，不容易听出所以然来。因此，建议将车开到市场比较安静的地方去"倾听"。

起动发动机后，注意在起动过程中，电动机不应出现尖啸声，发动机怠速"突突"

声均匀平稳，无异常响声。

然后，可以轻踩加速踏板，让发动机转速缓缓提高，过程中应无杂音；发动机转速超过最高功率点转速后，声音一般都比较明显，但如果出现金属摩擦声，就可能有异常情况。当快速踩下加速踏板后，发动机动力提升的声音应顺畅无阻。

听发动机声音判断车况

若以上情况都正常，再将车辆在复杂路况下行驶5～10min，停稳后怠速仍应稳定在原怠速，声音也应与之前相同。

### 五、怠速和制动检查

发动机起动后，在怠速运转时，可以到车头进行检查。在车头听听有没有运转杂音，如有杂音说明机件磨损过大，查看发动机运转是否平稳，发动机越静、越稳越好。

在没有起步前试踩一下制动踏板，如果很软或一脚踩到底，说明制动效果很差，不能上路行驶，否则容易出安全事故。

### 六、变速器检查

二手车变速器的检查是很重要的，如果故障严重将对价格造成很大影响。对变速器的检查是通过挂档、换档、听声音、检查泄漏情况来判断故障。在路试中对变速器的检查尤其重要。

**1. 手动变速器的路试检查**

（1）**检查所有前进档及倒车档** 如果每次挂档都磨齿轮，则可能是离合器的液压系统或变速器本身有故障。

（2）**检查是否能正常入档** 如果发现不能正常挂档或有齿轮撞击声，或是挂上档后很难推回空档等，说明变速器换档困难。在熄火后可用手握住变速杆，如果很松垮能任意摆动，可能是定位失效造成的。如果不松垮时也出现换档困难，很可能是同步器故障造成换档时的撞击。出现这类故障后需进厂修理。

（3）**检查有无跳回空档** 如果在行驶中变速杆跳回空档，可能是齿轮和齿套磨损严重，致使轴承松垮或轴向间隙过大，需要专业人员查看齿轮啮合状况。如果发现变速器漏油，则有可能是密封垫密封不良或是变速器输出轴的油封损坏。润滑油过多或通气孔不畅也会引起漏油。

（4）**检查是否有异响** 如果在发动机怠速状态下变速器处于空档位置时有异响，可能是曲轴和变速器第一轴安装的同轴度有偏差，在踏下离合器踏板时可消失。如果在入档后有异响，可能是相互啮合的齿轮工作时有撞击造成的，说明变速器壳体有损伤，或者是部分齿轮有损害造成啮合过程中的撞击。

**2. 自动变速器路试检查**

自动变速器路试主要检查升降档、升档车速、发动机转速、换档质量（图3-9）。

(1) 静态体验

①怠速体验。将车辆起动后，观察冷却液温度表是否处于最佳的工作温度。如果冷却液温度偏低，较缓慢行驶1～2km后即可，这时候停车但不熄火，D档保持制动然后感受车身的抖动情况，根据自己的判断是否剧烈，之后切入N档比较两种不同情况下车辆抖动的差别，反复试验两到三次。

图3-9 自动变速器路试检查

这个方法对普通拥有液力变矩器（AT/CVT变速器）的车尤为重要，表现好的变速器即使D档靠制动保持车辆静止的时候车身也不会有明显的抖动，跟N档怠速时候的表现并不会有太大区别。倘若D档怠速车辆抖动很明显，就说明这款车的自动变速器状况不好。

②原地换档体验。对于机械变速杆来说即使是直排式的档位，在切入不同档位的时候也会有很明显的阶梯感，每个档位都应该有很明显的位置，反馈在手上的感觉会很清晰但不生涩。尤其要注意切入P档的时候，很多低端车会显得特别生涩。具有手动模式的车辆也可以将变速杆切入手动模式前后推动感受。

(2) 动态体验

①中低速行驶急加速。时速40km/h左右的时候给一脚急加速，看从加速到底直至变速器降档所需要的时间是不是特别慢。普通的家用车虽然不会十分敏捷但也不会迟钝很久，否则就是变速器的匹配不好。

②中、高速行驶减速。大约60km/h的车速（条件允许可以更高）时，以中等力度踩制动踏板让车辆逐渐减速，好的自动变速器减速降档过程应该是平顺的，感受不到

变速器的降档,如果有明显的降档顿挫,说明变速器并不是很好。

③从 0 起步缓缓加速。这个过程跟上面的减速是一个道理,在平稳加速的时候,好的自动变速器同样也不会让驾驶人感到它的存在。

④低速蠕行。可以刻意地放慢车速,大约 20km/h 左右,或者找个堵车的路段检测,这条对于采用双离合变速器的车型尤为重要。在低速蠕行时,匹配不好的双离合变速器在 1/2 档之间会出现很明显的闯档、抖动现象。

### 七、跑偏情况的检查

车辆起步上路,以 20~30km/h 的速度直行时,手暂时离开转向盘,看汽车是否存在跑偏的现象(图 3-10)。

图 3-10　测试车辆是否存在跑偏的现象

再做一次紧急制动,检查制动是否可靠。再以 50km/h 的速度行驶,迅速将制动踏板踩到底,观察车辆是否立即减速、停车,有无制动跑偏、甩尾的情况。

如果车辆有跑偏的现象,有可能是因为车架变形、悬架系统损坏变形、前轴变形和转向节松旷等。

动态试车

### 【复习题】

**简答题**

1. 简述动态检测的要领。
2. 通过尾气怎样判断发动机工况?
3. 通过机油的颜色怎样判断发动机保养状况?

# 项目四　二手车价格评估

## 任务一　二手车价值评估方法

汽车评估方法和其他资产评估方法一样，都是依照《国有资产评估管理办法》的规定进行的，基本评估方法有：收益现值法、清算价格法、重置成本法、现行市价法及成本折旧法、"简单粗暴"的估价法。

### 一、现行市价法

现行市价是指车辆在公平市场上的销售价值。所谓公平市场是指充分竞争的市场，买卖双方没有垄断和强制，双方的交易行为都是自愿的，都有足够的时间与能力了解市场行情。

**1. 定义及影响因素**

（1）**定义**　现行市价法又称市场法或市场价值比较法，是以市场最近售出类似车辆为参照车，参照车可以是一台或几台车辆，将被评估车辆与参照车的构造、功能、性能、行驶里程、使用年限、新旧程度及交易价值等进行比较，找出两者的差别及其在价值上所反映的差额，经过适当调整，最终计算出被评估车辆的价值。

（2）**特点**　用现行市价法评估二手车包含了被评估二手车的各种贬值因素，如有形损耗的贬值、功能性贬值和经济性贬值。因为市场价值是综合反映车辆的各种因素的体现，由于车辆的有形损耗及功能陈旧而造成的贬值，自然会在市场价值中有所体现，因而现行市价法是二手车评估中最直接、最简单且最具有说服力的评估方法。它具有以下优点：

1）能反映目前二手车市场活跃情况，其评估的参数、指标等可直接从市场获得，评估值能反映二手车市场现实价值。

2）评估值容易被买卖双方理解和接受。

（3）**影响因素**

1）二手车交易市场是否活跃，直接影响现行市价评估法的准确性。因为我国很多地方二手车市场建立时间短、不完善，有些评估车未在交易市场上出现过，这样用市价法评估没有可比性。

2）评估车辆是否畅销。因为对畅销车型评估时，参照车容易寻找，且参照车的一些数据充分可靠。

3）由于使用条件、维护水平的不同，而带来车辆技术状况的不同，这样可能造成二手车评估价值差异。

4）评估人员的从业经验和对车辆技术状况的鉴定能力，也将影响评估的公平、公正性。

**2. 适用范围**

现行市价标准适用的前提条件有两条：一是需要存在一个充分发育、活跃、公平的二手车交易市场；二是与被评估车辆相同或类似的车辆在市场上有一定的交易量，能够形成市场行情。

**3. 评估方法及计算公式**

在实际评估中，现行市价法又分为直接市价法和类比调整市价法。直接市价法是指在市场上能找到与被评估车完全相同的参照车辆的现行市价，并参照车辆的价值直接作为被评估车的评估价值。类比调整市价法是指评估二手车时，在公开市场上找不到与被评估车辆完全相同的参照车辆，只能找到与之相似的车辆作为参照车辆，再根据车辆技术状况和交易条件等数据对参照车辆的价值做出相应调整，综合比较来确定被评估车的评估价值。

（1）**直接市价法** 当被评估车与参照车辆完全相同时，被评估车的评估价值计算公式为：

$$P_1 = P_2$$

式中　$P_1$——被评估车的评估价值（元）；

　　　$P_2$——参照车辆的交易价值（元）。

说明：

① 参照车辆一般为畅销车型，如高尔夫和天籁、迈腾、凯美瑞、途观、CRV等，市场保有量大、交易比较频繁。

② 当被评估车与参照车辆相近，即车辆类别相同、主参数相同、结构性能相同，只是生产序号不同，只作局部改动，交易时间相近时，可用同样计算方法。

（2）**类比调整市价法**

1）影响因素。类比调整市价法对参照车辆的条件要求不太严，只要求参照车辆与被评估车大体相同即可。主要是对被评估二手车和参照车辆之间的差异进行分析、比较，并进行适当的量化，然后调整为可比的因素。主要差异一般体现在以下几点：

① 结构性能的差异。车辆结构配置会对车辆的成交单价产生影响。比如，同类型

的手动变速器车和自动变速器车，由于结构配置不同，则成交价值也不同。

② 销售时间的差异。在选择参照物时，应尽可能地选择在接近评估基准日成交的案例，以免去由于销售时间的不同而引起的价值差异。若参照车的交易时间在评估基准日之前时，可采用价值指数法进行调整。

③ 新旧程度的差异。在评估过程中，往往被评估车辆与参照车在新旧程度上不能完全一致，这时评估人员应对参照车和被评估车辆的新旧程度进行量化，即先算出参照车和被评估车辆成新率，然后再计算出两种车的新旧差异量，公式如下：

$$差异量 = 参照物价值 \times (被评估车辆成新率 - 参照物成新率)$$

④ 销售数量的差异。销售数量大小会对车辆的成交单价产生影响。当被评估车辆是成批交易时，其参照车辆不应是单车，也应以成批车交易作为参照车；当被评估车辆是单车交易时，其参照车辆不应是成批交易车，也应以单车交易作为参照车。若没有对应的参照车时，评估人员应进行差异分析并适当调整，才能准确评估二手车价值。

⑤ 付款方式的差异。对付款方式差异的调整，被评估车辆通常是以一次性付款方式为假定前提，若参照车辆采用分期付款方式，则可按当期银行利率将各期分期付款额折现累加，即可得到分期付款总额。

2) 计算公式。将以上各种差异进行调整并量化，以适当的方式加以汇总，来确定被评估车的评估价值。

$$P_1 = P_2 \pm \sum K$$

式中　$P_1$——被评估车的评估价值（元）；

　　　$P_2$——参照车辆的交易价值（元）；

　　　$\sum K$——各种差异调整量化值（元）。

## 二、收益现值法

收益现值是指根据车辆未来的预期获利能力大小，以适当的折现率将未来收益折成现值。从"以利索本"的角度看，收益现值就是为获得车辆取得预期收益的权利所支付的货币总额。在折现率相同的情况下，车辆未来的效用越大，获利能力越强，其评估值就越大。投资者购买车辆时，一般要进行可行性分析，只有在预期回报率超过评估时的折现率时，才可能支付货币购买车辆。

**1. 定义及影响因素**

（1）定义　收益现值法是指估算被评估车在剩余寿命期内的预期收益，并折现为评估基准日的现值，即为二手车的评估值。

（2）特点　用收益现值法评估车辆时，一般都与投资决策相结合，容易被二手车买卖双方接受，同时，评估值能比较准确地反映车辆本金化的价值。但是，预期收益额的预测难度大，以及受买卖双方主观判断和未来不可预见因素的影响较大。

（3）影响因素

1）被评估车继续运营和获利的能力。

2）被评估车预期获利年限及预期收益的预测值。

3）被评估车在剩余寿命期内所担风险的预测值。

**2. 适用范围**

收益现值标准适用的前提条件是车辆投入使用后可连续获利。

**3. 评估方法及计算公式**

用收益现值法计算二手车评估值，就是对被评估二手车未来预期收益进行折现的过程。二手车的评估值等于剩余寿命期内各收益期的收益折现值之和。若收益期的收益折现值不同时，其计算公式为：

$$P = \sum_{i=1}^{n} \frac{A_t}{(1+i)^t} = \frac{A_1}{(1+i)^1} + \frac{A_2}{(1+i)^2} + A + \frac{A_n}{(1+i)^n}$$

式中　$P$——评估值（元）；

　　　$A_t$——未来第 $t$ 个收益期的预期收益额（元）；

　　　$n$——收益年期（年）；

　　　$i$——折现率（%）；

　　　$t$——收益期（年）。

若收益期的收益折现值相同时，其计算公式为：

$$P = A \times \frac{(1+i)^n - 1}{i \times (1+i)^n}$$

式中　$P$——评估值（元）；

　　　$A$——未来收益期的预期平均收益额（元）；

　　　$n$——收益年期（剩余经济寿命的年限）；

　　　$i$——折现率（%）。

说明：收益年期指从评估基准日到二手车报废日之间的年限（即二手车剩余使用寿命的年限）。收益年期是确定二手车评估值的关键，如果收益年期估算得长，则计算的收益额就多，车辆的评估价值就高；反之，则会低估二手车价值。所以，评估师要依照国家《汽车报废标准》中的规定来确定二手车收益年期。

**4. 收益现值法评估的程序**

1）调查了解营运车辆的经营行情，营运车辆的消费结构。

2）充分调查了解被评估车辆的情况和技术状况。

3）根据调查了解的结果，预测车辆的预期收益，确定折现率。

4）将预期收益折现处理，确定旧机动车评估值。

### 5. 典型案例分析

【**案例一**】李先生打算购置一辆二手北京现代轿车用于出租车运营。该车的基本信息及经营预测如下：

2011年10月购买，并于当月完成车辆登记手续，已行驶里程为40万km。目前车辆技术状况良好，能正常运行，如用于出租车运营，全年预计可出勤320天。根据南宁市场调查，该车型每天平均毛收入约600元，每天耗油费用200元，年检、保险及各种应支出费用每年10000元，年日常维修保养费用约12000元，年平均大修费用约1000元，人员劳务费20000元。根据目前银行储蓄年利率、行业收益等情况，确定资金预期收益率为15%，风险报酬率为5%。

假设每年的纯收入相同，试结合上述条件评估该车可接受的最大投资额是多少？

**解**：1）根据题目条件，评估方法采用收益现值法。

2）收益年期 $n$ 的确定：从车辆登记日（2011年10月）至评估基准日（2017年10月）止，该车已使用时间为6年，根据国家《汽车报废标准》的规定，出租车规定运营年限为8年，车辆剩余使用寿命为2年，即收益年期 $n=2$。

3）预期收益额的确定

① 根据题设条件，计算预计年毛收入，具体计算见表4-1。

表4-1 车辆收入及各种费用支出

| 预计年收入/元 | 预计年支出/元 | | 预计年毛收入/元 |
| --- | --- | --- | --- |
| 600×320=192000 | 燃油费 | 200×320=64000 | 61000 |
| | 保险费、检车费、车船使用税、停车费等费用 | 10000 | |
| | 维修保养费 | 12000 | |
| | 车辆大修费 | 1000 | |
| | 驾驶人工资 | 20000（单班） | |
| | 标书租赁费 | 2000×12=24000 | |

② 计算年预计纯收入：根据国家个人所得税条例规定，年收入在3~5万元，应缴纳所得税率为30%，故年预计纯收入为：61000×(1-30%)=42700元。

③ 预期收益额 $A$ = 年预计纯收入 = 42700元。

4）折现率 $i$ 的确定：折现率 $i$ = 资金预期收益率 + 风险报酬率 = 15% + 5% = 20%。

5）计算评估值：

$$P = A \times \frac{(1+i)^n - 1}{i \times (1+i)^n} = 42700 \text{元} \times \frac{(1+0.2)^2 - 1}{0.2 \times (1+0.2)^2} = 65236 \text{元}$$

**【案例二】** 现有一辆帕萨特出租车转让,该车评估时已使用3年,经市场调查和进行可行性分析后,该车购置后投入运营,每年可带来预期收益19.6万元,而运营成本每年约为11.6万元,所得税率按30%计算,投资回报率为10%。试评估该出租车的价值。[已知$(P/A,10\%,5)=3.7908$,$(P/A,9\%,5)=3.8897$]

**答:** 1) 按题意采用收益现值法评估。

2) 该车已使用3年,规定使用年限为8年。

3) 该车每年带来预期毛收入 $=19.6-11.6=8$ 万元。

4) 税后净收益 $=8\times(1-30\%)=5.6$ 万元。

5) 该车剩余使用年限为:$8-3=5$ 年。

6) 评估值 $P=5.6\times3.7908=21.23$ 万元。

### 三、重置成本法

重置成本是指在现时条件下,按功能重置车辆并使其处于在用状态所耗费的成本。重置成本的构成与历史成本一样,都是反映车辆在购置、运输、注册登记等过程中所支出的全部费用,但重置成本是按现有技术条件和价值水平计算的。

**1. 定义及影响因素**

(1) **定义** 重置成本法是指在现时市场条件下,重新购置一辆全新状态的被评估车辆所需的全部成本(重置全价)与被评估车辆的各种贬值总和的差额。车辆的贬值一般体现在实体性贬值、功能性贬值及经济性贬值上。

(2) **特点** 用重置成本法评估车辆时,充分地考虑了车辆的各方面损耗,反映了车辆市场价值的变化,对交易双方来讲都公平合理。确定成新率时,能综合考虑车辆的技术车况和配置以及车辆使用情况,评估过程有理有据,交易双方对评估结果的信任度较高。但是,评估工作量较大,确定成新率时主观因素影响较大,且对极少数的进口车辆,不易查询到现时市场报价,因此很难确定车辆的重置成本。

(3) **影响因素**

1) 市场价值的影响。

2) 车辆有形耗损的影响。

3) 车辆无形耗损的影响。

4) 外界因素对车辆的影响。

**2. 适用范围**

重置成本标准适用的前提是车辆处于在用状态,一方面反映车辆已经投入使用;另一方面反映车辆能够继续使用,对所有者具有使用价值。重置成本法既充分考虑了被评估二手车的重置全价,又考虑了二手车已使用年限内的磨损以及功能性、经济性贬值,因而被广泛采用,尤其在中高级车辆评估中应用比较广泛。

**3. 评估方法及计算公式**

（1）**计算方法**  应用重置成本法评估二手车价值的计算公式有以下两种。

1）公式一：

$$P = P' - A_1 - A_2 - A_3$$

式中  $P$——评估值（元）；

$P'$——被评估车的重置成本（元）；

$A_1$——实体性贬值（元）；

$A_2$——功能性贬值（元）；

$A_3$——经济性贬值（元）。

说明：它综合考虑了二手车的现行市场价值和各种影响二手车价值量变化（贬值）的因素，最让人信服和易于接受。但造成这些贬值的影响因素较多，且有一定的不确定性，所以准确地确定二手车的贬值是不容易的。

2）公式二：

$$P = P' \times \beta$$

式中  $P$——评估值（元）；

$P'$——被评估车的重置成本（元）；

$\beta$——被评估车的成新率。

说明：它是基于成新率的评估法，这种方法能综合考虑各种贬值对二手车价值的影响，是一种定性和定量相结合的评估方法，比较符合中国人评判二手物品的思维模式，是目前市场上应用最广，也是一种较科学的评估方法。

（2）**被评估车重置成本确定**  重置成本的估算在资产评估中，其估算的方法很多，一般可采用重置核算法、物价指数法、功能价值法和规模经济效益指数法，二手车评估重置成本一般可采用直接法、物价指数法。

1）直接法。直接法也称重置核算法，它是由待评估车辆的成本构成，以现行市场状态下重新购买与被评估车辆完全相同或相类似，并且处于全新状态的车辆所需的购车成本价值，加上一次性应该交纳的税和费之和。

国产二手车重置成本由购置全新车辆的市场成交价和车辆购置价值以外国家及地方政府一次性缴纳的税费总和构成，如汽车的购置附加税、注册税（牌照费）等，其性质是一次性交纳的税费在规定使用年限内均可享受。但重置成本构成不应包括车辆拥有阶段和使用阶段的税和费，如汽车拥有阶段的年审费、车船使用税、消费税，汽车使用阶段的保险费、燃油税、路桥费等。重置成本的计算公式为：

$$P' = P_M + P_t$$

式中  $P'$——重置成本（元）；

$P_M$——全新车辆市场成交价(元);

$P_t$——国家和地方政府一次性应该缴纳的税费总和(元)。

以直接法取得的重置成本,无论国产或进口车辆,尽可能采用国内现行市场价作为车辆评估的重置成本全价。市场价可通过市场信息资料(如报纸、专业杂志和专业价值资料汇编等)和车辆制造商、经销商询价取得。

进口二手车重置成本计算,应根据海关税则和收费标准,进行轿车的重置成本计算(即现行价值)。报关价(到岸价)即CIF价值,它与离岸价FOB的关系是,CIF价值=FOB价值+途中保险费+国外运杂费。由于这部分费用是以外汇支付的,所以在计算时,需要将报关价值换算成人民币,外汇汇率采用评估基准日的外汇汇率进行计算。进口二手车重置成本税费由关税、消费税、增值税、通关费用、商检费用、运输费用、银行费用、选装件价值、经销商费用及其他费用等构成。计算公式:

关税 = 报关价 × 关税税率

消费税 = (报关价 + 关税)/(1 – 消费税率) × 消费税率

增值税 = (报关价 + 关税 + 消费税) × 增值税率(17%)

如一辆报关价为10万元人民币的进口轿车,其关税(以43.8%计)为4.38万元;消费税(以5%计)为0.75万元;增值税为2.57万元;税后价值为17.7万元;加上海关费用、商检费、运输费及经销商利润,市场价值约为21万元。

一般而言,车辆重置成本大多是依靠市场调查搜集而来的,并不需要进行十分复杂的计算。但是对于市场上尚未出现的那些新车型(特别是进口新车型)或淘汰车型,由于其价值信息不容易获得,这时则需要按照其重置成本的构成进行估算。

2)物价指数法(车价指数法)。车价指数法,即车辆价值波动指数。被评估车辆是停止生产或是进口车辆,当询不到现时市场价值时采用车价指数法,其计算公式为:

$$P' = P_M + \lambda$$

式中　$P'$——重置成本(元);

$P_M$——车辆购买原始成本(元);

$\lambda$——车辆价值变动指数。

车辆价值变动指数是通过掌握的汽车历年的价值指数,找出车辆价值变动趋势和速度的指标。车辆价值变动指数的取得是选择与被评估车辆已使用年限相适应,是近期五年内市场占有率为前三名的品牌车型,分别以现时购买车价与原始购买车价之比的算术平均值作为车辆价值变动指数。车辆价值变动指数要尽可能选用有法律依据的国家统计部门或物价管理部门以及政府机关发布和提供的数据,也可以取自中国汽车流通协会定期发布或有权威性的国家政策部门所辖单位的数据,不能选用无依据不明来源的数据。

实际工作中,一般根据鉴定估价的经济行为确定重置成本的全价,具体有以下两种处理方法:

①对于以所有权转让为目的的二手车交易经济行为,按评估基准日被评估车辆所

在地收集的现行市场成交价值作为被评估车辆的重置成本全价，其他费用略去不计。

②对企业产权变动的经济行为（如企业合资、合作和联营，企业分设、合并和兼并，企业清算，企业租赁等），其重置成本全价除了考虑被评估车辆的现行市场购置价值以外，还应将国家和地方政府规定对车辆加收的其他一次性缴纳税费一并计入重置成本全价中。

（3）二手车成新率的确定　二手车成新率的确定方法有使用年限法、行驶里程法、部件鉴定法、整车观测法及综合分析法等，不同的计算方法，其特点和使用范围也不同。

1）使用年限法。用使用年限法确定二手车的成新率，计算公式为：

$$\beta = \left(1 - \frac{N_1}{N_0}\right) \times 100\%$$

式中　$\beta$——二手车的成新率（%）；
　　　$N_1$——二手车实际已使用年限（年或月）；
　　　$N_0$——车辆规定的使用年限（年或月）。

用使用年限法确定的二手车成新率，仅仅反映了汽车的时间损耗及时间折旧率，与使用情况（包括管理水平、使用水平和维护保养水平）、使用强度无关，但计算方便。车辆规定使用年限是指《汽车报废标准》中对被评估车辆规定的使用年限，是指机动车的合理使用寿命。各类汽车规定使用年限见表4-2。

表4-2　各类汽车规定使用年限

| 车辆类型与用途 | | | | 使用年限（年） |
|---|---|---|---|---|
| 载客汽车 | 营运 | 出租客运 | 小、微型 | 8 |
| | | | 中型 | 10 |
| | | | 大型 | 12 |
| | | 租赁 | | 15 |
| | | 教练 | 小型 | 10 |
| | | | 中型 | 12 |
| | | | 大型 | 15 |
| | | 公交客运 | | 13 |
| | | 其他 | 小、微型 | 10 |
| | | | 中型 | 15 |
| | | | 大型 | 15 |
| | | 专用校车 | | 15 |
| | 非营运 | 小、微型客车、大型轿车、轮式专用机械 | | 无 |
| | | 中型客车 | | 20 |
| | | 大型客车 | | 20 |

提示：若某些车辆使用年限有变动，以车管所公布的为准。

已使用年限是指二手车在正常使用强度条件下，开始使用到评估基准日所经历的时间。所以说，使用年限法计算的成新率实际上反映的是车辆的时间损耗及时间折旧率，与车辆的日常使用强度和车况无关。但是，对于日常使用强度较大的车辆，在统计已使用年限指标时，应适当乘以一定的系数。例如，对于某些以双班制运行的车辆，其实际使用时间为正常使用时间的2倍，即该车辆的已使用年限，应是车辆从开始使用到评估基准日所经历时间的2倍。

2）行驶里程法。用行驶里程法确定二手车的成新率，是指用被评估车的尚可行驶里程与规定行驶里程的比值来确定二手车成新率的一种方法，其计算公式为：

$$\beta = \left(1 - \frac{S_1}{S_0}\right) \times 100\%$$

式中　$\beta$——二手车的成新率（%）；

　　　$S_1$——二手车累计行驶里程（万km）；

　　　$S_0$——车辆规定的行驶里程（万km）。

用行驶里程法确定的成新率，仅仅反映了二手车使用强度及使用过程中实际的物理损耗，考虑了二手车使用强度对其成新率的影响。总的行驶里程越大，车辆的实际有形损耗也越大。但对于篡改里程表等因素影响没有考虑，近年来卖车调表已经是大家皆知的事情，当前评估中行驶里程法确定的成新率仅仅是参考。

二手车累计行驶里程是指被评估二手车从开始使用到评估基准时点所行驶的总里程。车辆规定的行驶里程是指《汽车报废标准》中规定的该车型的行驶里程。各类汽车规定行驶里程见表4-3。

表4-3　各类汽车规定行驶里程

| 车辆类型与用途 | | | 行驶里程参考值（万千米） |
| --- | --- | --- | --- |
| 载客汽车 | 营运 | 出租客运 | 小、微型 | 60 |
| | | | 中型 | 50 |
| | | | 大型 | 60 |
| | | 租赁 | | 60 |
| | | 教练 | 小型 | 50 |
| | | | 中型 | 50 |
| | | | 大型 | 60 |
| | | 公交客运 | | 40 |
| | | 其他 | 小、微型 | 60 |
| | | | 中型 | 50 |
| | | | 大型 | 80 |

(续)

| 车辆类型与用途 | | | 行驶里程参考值（万千米） |
|---|---|---|---|
| 载客汽车 | | 专用校车 | 40 |
| | 非营运 | 小、微型客车、大型轿车 | 60 |
| | | 中型客车 | 50 |
| | | 大型客车 | 60 |

3）部件鉴定法。用部件鉴定法确定二手车的成新率，是指评估人员根据二手车各总成、部件的技术状况估算出其成新率，再参照表4-4各个部件的价值权重值，来确定成新率的一种方法。其计算公式为：

$$\beta = \sum_{i=1}^{n} \alpha_i \times \rho_i$$

式中　$\beta$——二手车的成新率（%）；

　　　$\alpha_i$——第 $i$ 项部件的成新率（%），由评估人员鉴定来评估；

　　　$\rho_i$——第 $i$ 项部件的价值权重。

表4-4　汽车各主要总成、部件的价值权重值

| 序号 | 部件名称 | 价值权重值 | | |
|---|---|---|---|---|
| | | 轿车 | 客车 | 货车 |
| 1 | 发动机及离合器总成 | 0.26 | 0.27 | 0.25 |
| 2 | 变速器及万向传动装置 | 0.11 | 0.10 | 0.15 |
| 3 | 前桥、前悬架及转向系总成 | 0.10 | 0.10 | 0.15 |
| 4 | 后桥及后悬架总成 | 0.08 | 0.11 | 0.15 |
| 5 | 制动系 | 0.06 | 0.06 | 0.05 |
| 6 | 车架 | 0.02 | 0.06 | 0.06 |
| 7 | 车身 | 0.26 | 0.20 | 0.09 |
| 8 | 汽车电器 | 0.07 | 0.06 | 0.05 |
| 9 | 轮胎 | 0.04 | 0.04 | 0.05 |
| | 合计 | 1.0 | 1.0 | 1.0 |

提示：仅供评估人员参考用，在实际评估时，评估人员应根据被评估车辆各部分价值量占整车价值的比重，调整各部分的权重值。

用部件鉴定法计算加权来确定成新率，既考虑了二手车实体性损耗，也考虑了二手车维修或换件等追加投资使车辆价值发生的变化。所以，这种方法比较费时费力，但评估值更接近客观实际，可信度高。这种方法一般用于价值较高的二手车评估。

4）整车观测法。整车观测法是指评估人员采用人工观察的方法，或借助简单的仪

器检测，判定被评估车的技术等级，来确定成新率的一种方法。

整车观测法观察和检测的技术指标主要包括：二手车的现时技术状态、使用时间及行驶里程、主要故障经历及大修情况、整车外观和完整性等。二手车车况等级及成新率可参考表4-5。用整车观测法确定成新率是否客观、实际，还取决于评估人员的专业水准和评估经验。这种方法简单易行，但评估准确性差些，一般用于初步估算中、低档二手车的价值，或作为综合分析法的辅助手段。

表4-5 二手车车况等级及成新率

| 车况等级 | 新旧情况 | 技术状况描述 | 成新率（%） |
|---|---|---|---|
| 1 | 使用不久，行驶里程在3万~5万km | 使用状况良好，能按设计要求正常使用 | 100~90 |
| 2 | 使用1~3年，行驶里程15万km左右 | 一般没有经过大修，在用状况良好，故障率低，可随时出车使用 | 89~65 |
| 3 | 使用4~5年，发动机或整车经过一次大修 | 大修过的总成性能良好，在用状况良好；外观出现过中度损伤，但修复较好 | 64~40 |
| 4 | 使用5~8年，发动机或整车经过二次大修 | 车辆的动力性、经济性、工作可靠性都有所下降，外观车漆出现脱落受损、金属件出现锈蚀；故障率较高，维修费用明显上升，但车辆仍符合《机动车安全技术条件》规定，其使用状况一般或较差 | 39~15 |
| 5 | 基本达到或到达使用年限，待报废处理 | 车辆不能正常使用，动力性、经济性、可靠性大大降低，燃料费、维修费等明显增高，且排放和噪声污染已达到极限 | 14~0 |

提示：表中所示数据都是经验数据，仅供评估人员参考，不能作为唯一标准。

5）综合分析法。综合分析法是以使用年限法为基础，综合考虑二手车的实际技术状况、维护保养情况及使用条件等多种因素的影响，来确定成新率的一种方法。

影响二手车成新率的主要因素有二手车技术状况、二手车维护保养、二手车原始制造质量、二手车的用途及二手车的使用条件等五个方面，其综合调整系数$\Sigma\rho$的确定可参考表4-6。其计算公式为：

$$\beta = \beta_N \times \Sigma\rho$$

式中 $\beta$——二手车的成新率（%）；

$\beta_N$——使用年限成新率（%）；

$\Sigma\rho$——综合调整系数。

$$\Sigma\rho = \rho_1 \times 30\% + \rho_2 \times 25\% + \rho_3 \times 20\% + \rho_4 \times 15\% + \rho_5 \times 10\%$$

表 4-6  二手车综合调整系数参考数值

| 序号 | 影响因素 | | 调整系数 | | 系数权重（%） |
|---|---|---|---|---|---|
| 1 | 技术状况 | $\rho_1$ | 良好 | 1.0 | 30 |
| | | | 较好 | 0.9 | |
| | | | 一般 | 0.8 | |
| | | | 较差 | 0.7 | |
| | | | 很差 | 0.6 | |
| 2 | 维护保养 | $\rho_2$ | 良好 | 1.0 | 25 |
| | | | 较好 | 0.9 | |
| | | | 一般 | 0.8 | |
| | | | 较差 | 0.7 | |
| 3 | 制造质量 | $\rho_3$ | 进口车 | 1.0 | 20 |
| | | | 国产名牌车（或走私罚没车） | 0.9 | |
| | | | 国产普通车 | 0.8 | |
| 4 | 车辆用途 | $\rho_4$ | 私用 | 1.0 | 15 |
| | | | 公务、商务 | 0.9 | |
| | | | 营运 | 0.7 | |
| 5 | 使用条件 | $\rho_5$ | 良好 | 1.0 | 10 |
| | | | 一般 | 0.9 | |
| | | | 较差 | 0.8 | |

**提示**：因素分级和调整系数只是一个参考，应根据实际情况作适当的调整，但各因素的调整系数取值不要超过1，综合调整系数计算结果也不能超过1。

综合分析法较为详细地考虑了影响二手车价值的各种因素，并用一个综合调整系数指标来调整二手车成新率，评估值准确度较高，因而适用于具有中等价值的二手车评估。

《二手车鉴定评估技术规范》（GB/T30323-2013）中规定，评估车辆价值时，通常选用现行市价法。评估价值为相同车型、配置和相同技术状况鉴定检测分值的车辆近期的交易价值；在无参照物、无法使用现行市价法的情况下，选用重置成本法。可从本区域本月内的交易记录中调取相同车型、相近分值，或从相邻区域的成交记录中调取相同车型、相近分值的成交价值，并结合车辆技术状况鉴定分值加以修正。车辆评估价值=更新重置成本×综合成新率，而综合成新率由技术鉴定成新率与年限成新率组成，即：

$$综合成新率 = 年限成新率 \times \alpha + 技术鉴定成新率 \times \beta$$

其中，年限成新率=预计车辆剩余使用年限/车辆使用年限（乘用车使用年限15

年,超过 15 年的按实际年限计算;有年限规定的车辆、营运车辆按实际要求计算);技术鉴定成新率 = 车辆技术状况分值/100;$\alpha$、$\beta$ 分别为技术鉴定成新率与年限成新率系数,由评估人员根据市场行情等因素确定,且 $\alpha + \beta = 1$。

**4. 应用重置成本法的四个前提条件**

1) 购买者对拟行交易的评估对象,不改变原来用途。

2) 评估对象的实体特征、内部结构及其功能效用必须与假设重置的全新资产具有可比性。

3) 评估对象必须是可以再生的,可以复制的,不能再生、复制的评估对象不能采用重置成本法。

4) 评估对象必须是随着时间的推移,具有陈旧贬值性的资产,否则就不能运用重置成本法进行评估。

**5. 重置成本法的评估程序**

1) 被评估资产一经确定即用现时(评估基准日)市价估算其重置全价。

2) 确定被评估资产的已使用年限、尚可使用年限及总使用年限。

3) 应用年限折旧法或其他方法估算资产的有形损耗和功能性损耗。

4) 估算确认被评估资产的净价。

**6. 案例分析**

【案例一】

一辆私有自用迈腾轿车,2015 年 8 月购买,购买价值为 198000 元,初次登记日期是 2015 年 8 月,使用 2 年后于 2017 年 8 月进入二手车交易市场估价交易。经核对相关证件(照)齐全,各方面车况良好,评估基准日为 2017 年 8 月。在评估时,已知该车的现行市场销售价值为 190000 元,其他税费不计,用使用年限法评估该车价值。

评估过程如下:

解:1) 重置成本:$P' = 190000$ 元

2) 使用年限法计算该车成新率

初次登记日期是 2015 年 8 月,评估基准日为 2017 年 8 月,已使用时间为 24 个月。

$$\beta = \left(1 - \frac{N_1}{N_0}\right) \times 100\% = \left(1 - \frac{24}{180}\right) \times 100\% = 86.67\%$$

3) 评估值

$$P = P' \times \beta = 190000 \text{ 元} \times 86.67\% = 164673 \text{ 元}$$

说明:新法规对小型非营运客车规定使用年限从 15 年延长到无限期使用,新法规对二手车价值评估没有造成巨大影响,建议用重置成本法计算二手车价值时可按老法规的 15 年计算,并按当地市场价值微调。

**【案例二】**

李先生有一台一汽大众速腾轿车转让,该车于2014年6月份购买,购买价值为120000元,初次登记日期是2014年7月,使用3年后于2017年7月进入二手车交易市场估价交易。经核对相关证件(照)齐全。经现场鉴定,车身外观、车况较好、保养良好、行驶路况良好,评估基准日为2017年7月。在评估时,已知该新车的现行市场销售价值为115000元,其他税费不计。请使用综合分析法评估该车现时市场价值。

**解:** 1)重置成本:$P' = 115000$元

2)使用年限法计算成新率

该车为家用轿车,报废年限为15年,即180个月,初次登记日期是2014年7月,评估基准日为2017年7月,已使用时间为36个月。

$$\beta_N = \left(1 - \frac{N_1}{N_0}\right) \times 100\% = \left(1 - \frac{36}{180}\right) \times 100\% = 80\%$$

3)计算综合调整系数。根据题意查表4-6,各影响因素调整系数取值为:

①技术状况(30%),良好,取1.0;
②维护保养(25%),良好,取1.0;
③制造质量(20%),国产名牌,取0.9;
④使用性质(15%),非营运(私用),取1.0;
⑤工作条件(10%),良好,取1.0;

估算综合调整系数

$$\sum \rho = \rho_1 \times 30\% + \rho_2 \times 25\% + \rho_3 \times 20\% + \rho_4 \times 15\% + \rho_5 \times 10\%$$
$$= 1.0 \times 30\% + 1.0 \times 25\% + 0.9 \times 20\% + 1.0 \times 15\% + 1.0 \times 10\% = 0.98$$

4)计算评估值

$$P = P' \times \beta = 115000 元 \times 80\% \times 0.98 = 90160 元$$

## 四、清算价格法

清算价值是指在非正常市场上限制拍卖的价值。它与现行市价相比,两者的根本区别在于:现行市价是公平市场价值,而清算价值是非正常市场上的拍卖价值,这种价值由于受到期限限制和买主限制,一般大大低于现行市价。

清算价值标准适用于企业破产清算,以及因抵押、典当等不能按期偿债而导致的车辆变现清偿等汽车评估业务。

**1. 定义及影响因素**

(1)定义 清算价格法是以清算价格为标准,对二手车辆进行的价格评估。所谓清算价格,指企业由于破产或其他原因,要求在一定的期限内将车辆变现,在企业清算之日预期出卖车辆可收回的快速变现价格。

（2）特点　用清算价值法评估车辆价值时，具有以下特点：

1）预评估车辆应附有企业破产处理文件或抵押合同及其他有效法律文件。

2）预评估车辆可以快速出售变现。

（3）影响因素　在二手车评估中，影响清算价值的主要因素有：破产形式、债权人处置车辆的方式、车辆清理费用、拍卖时限、公平市价和参照车辆价值等。

1）破产形式。如果企业丧失车辆处置权，则买方无讨价还价的可能，就以买方出价决定车辆售价；如果企业未丧失处置权，则买方仍有讨价还价余地，就以双方议价决定售价。

2）债权人处置车辆的方式。按抵押时的合同契约规定执行，如公开拍卖或收回已有。

3）拍卖时限。一般情况下，规定的拍卖时限长，售价就会高些；若规定时限短，则售价就会低些。这是由资产快速变现原则的作用所决定的。

4）车辆清理费用。在企业破产等情况下评估车辆价值时，应对车辆清理费用及其他费用给予充分的考虑。

5）车辆现行市价。车辆现行市价是指车辆交易成交时，使交易双方都满意的公平市价。

6）参照车辆价值。参照车辆价值是指与被拍卖车辆相同或类似的交易车辆现行价值，若参照车辆价值高，则被拍卖车辆价值通常也会高。

**2. 适用范围**

清算价格法一般适用于企业被迫停业或破产、资产抵押、停业清理等情况，急于将车辆拍卖、出售的价格评估，清算价格法评估的车辆价格往往低于现行市场价格。

**3. 清算价格法的计算方法**

用清算价值法确定二手车价值时，主要方法有三种：现行市价折扣法、模拟拍卖法、竞价法。

（1）现行市价折扣法　首先在市场上找到参照车辆，然后根据市场调查和快速变现原则，确定一个合适的折扣率，再确定二手车的评估价值，其计算公式为：

$$P = P' \times \gamma$$

式中　$P'$——参照车交易价值（元）；

$\gamma$——折扣率（%）。

（2）模拟拍卖法　模拟拍卖法是通过向被评估车辆的潜在购买者询价，以此来获得市场信息，最后经评估人员分析确定其价值的一种方法，也称意向询价法。

说明：这种方法确定的清算价值受供需关系影响很大，要充分考虑其影响的程度。

(3) 竞价法　竞价法是由法院按照破产清算的法定程序或由卖方根据评估结果提出一个拍卖的底价，在公开市场或拍卖会上，由买方竞争出价，谁出的价值高就卖给谁。

4. 案例分析

**【案例一】** 应用模拟拍卖法评估二手车价值

有1台柳工50铲车，拟评估其拍卖清算价值。评估人员经过对2家矿山、3家沙场、2家电厂征询意向价值，其报价分别为30万元、28万元、28万元、30万元和30万元、29万元、28万元，平均价为29万元。考虑目前各种因素，评估人员确定清算价值为29万元。

**【案例二】** 应用现行市价折扣法评估二手车价值

一辆2015款帕萨特轿车，经调查在二手车交易市场上成交价为12万元，根据销售情况调查，折价20%可以当即出售，则该车辆清算价值为12万元×（1－20%）＝9.6万元。

### 五、成本折旧法及应用

**1. 定义及影响因素**

（1）定义　折旧评估法是确定被评估车辆在预计的使用年限内由于时间的推移或使用而逐渐转移的价值。这部分价值从产品销售成本中逐年提取，存入建立的车辆折旧基金中，用于当旧车辆不能使用或不再使用时购置新的车辆，实现车辆的更新。

（2）特点　成本折旧评估法按计算方法的不同分为等速折旧法和加速折旧法两种。

等速折旧评估法是将二手车的转移价值平均摊配于其使用年限中，它的优点是计算简单，容易理解。但是，这种方法没有考虑车辆在各个使用年度中使用成本的摊配比例，也没考虑车辆在各个使用年度中无形损耗（功能性损耗和经济性损耗）的摊配比例。

加速折旧评估法克服了等速折旧法的不足，充分考虑了各个使用年度负担的二手车使用成本的均衡性，同时也反映了由于技术进步所带来的价值损耗情况。

（3）影响因素

1）计算方法的选择。

2）被评估车辆折旧年限的确定。

3）被评估车辆的技术状况。

**2. 适用范围**

由于折旧评估法采用年限评估车辆价值，使二手车剩余价值相对较小，这对二手车买方来说比较有利，减少买方风险。因此折旧评估法适用于二手车收购。

### 3. 评估方法及计算公式

用成本折旧法评估二手车时，不但要计算二手车已使用年数的累计折旧额，还要考虑二手车某些功能完全丧失、需要维修和换件而发生的维修费用。二手车评估值的数学计算公式为：

$$P_1 = P_2 - \Sigma A - \Sigma B$$

式中　$P_1$——二手车评估值（元）；

　　　$P_2$——重置成本全价（元）；

　　　$\Sigma A$——折旧总额（元）；

　　　$\Sigma B$——维修费用总额（元）。

说明：式中采用重置成本全价而不采用二手车原值，主要是考虑了其他因素给二手车带来的贬值（如功能性贬值和经济性贬值）。维修费用是指车辆在现状下，某些功能完全丧失需要的维修和换件的总费用。

（1）用等速折旧法计算折旧总额　等速折旧法也称为年限平均法，是用车辆的总值（车辆原值减去残值）除以车辆使用年限，以求得每年平均折旧额的方法。计算公式为：

$$A = \frac{D - K}{N}$$

折旧总额为 $\Sigma A = A \times N$

式中　$A$——年平均折旧额（元）；

　　　$D$——车辆的原值（元）；

　　　$K$——车辆的残值（元）；

　　　$N$——车辆使用年限。

说明：等速折旧法一般用于使用强度比较平均，且各期所取得的收入差距不大的二手车的评估中。在评估时，车辆的残值有时忽略不计。

（2）用加速折旧法计算折旧总额　加速折旧法也称递减折旧法，是指在汽车使用早期多提折旧，在使用后期少提折旧的一种方法，其计算方法有两种：年份数求和折旧法和双倍余额递减折旧法。

1）年份数求和折旧法。年份数求和折旧法是指每年的折旧额可用车辆原值减去残值的差额乘以一个逐年递减系数来确定折旧额的一种方法。计算公式为：

$$A = (D - K) \times \gamma$$

式中　$A$——二手车年折旧额（元）；

　　　$D$——二手车原值（元）；

　　　$K$——二手车残值（元）；

$\gamma$——递减系数；

$$\gamma = \frac{N+1-t}{N(N+1)/2}$$

式中 $N$——车辆使用年限（年）；

$t$——已使用的年限（年）。

说明：递减系数的分子是尚可使用的年限，逐年减少；分母是预计可使用年限逐年使用年数的总和，是一个不变值，即每年递减系数的分母均相等，分子大小等于到评估基准日止还剩余的使用年限。

2）双倍余额递减折旧法。双倍余额递减法是根据每年年初二手车剩余价值和双倍的等速法折旧率计算二手车折旧的一种方法，其计算公式为：

$$\gamma = \frac{2}{N} \times 100\%$$

$$A = P' \times \gamma$$

式中 $A$——二手车年折旧额（元）；

$P'$——年初二手车剩余总价值（元）；

$N$——二手车预计使用年限（年）；

$\gamma$——双倍等速法折旧率。

说明：二手车年初剩余价值计算规律是，第一年年初二手车剩余价值为二手车原值 $P_0$，第二年年初二手车剩余价值为 $P_1 = P_0 - A_1$，第三年年初二手车剩余价值为 $P_2 = P_1 - A_2$；……依此类推。

**4. 案例分析**

2017 年 10 月，某二手车商欲收购一辆 1.4T 速腾轿车用于租赁，车辆基本情况如下：注册登记日期 2015 年 10 月，行驶里程：50000km，配置齐全、车况良好。

经核对相关税费票据、证件（照）齐全有效。该车目前市场行情价位 15 万元，试确定其收购价值（残值忽略不计）。

评估过程如下：

**解：**1）采用折旧法计算收购价值。

2）从 2015 年 10 月到 2017 年 10 月，该车已使用二年，按照国家汽车报废标准，该车规定使用年限为 15 年。

3）原值 $D = 150000$ 元，残值 $K$ 忽略不计。

4）分别以等速折旧法、年份数求和折旧法和双倍余额递减折旧法计算累计折旧额：

①等速折旧法计算二手车的累计折旧额，所以，年折旧额为：

$$A = \frac{D-K}{N} = \frac{150000 \text{元}}{15} = 10000 \text{元}$$

该车两年累计折旧额为20000元。

②年份数求和折旧法计算二手车的累计折旧额:

递减系数为 $\gamma = \dfrac{N+1-t}{N(N+1)/2} = \dfrac{16-t}{120}$

该车年折旧额 $A = (D-K) \times \gamma$,计算结果见表4-7。

表4-7 二手车累计折旧额(一)

| 年份 | 原值/元 | 递减系数 | 年折旧额/元 | 累计折旧额/元 |
| --- | --- | --- | --- | --- |
| 2015.10~2016.9 | 150000 | 15/120 | 18750 | 18750 |
| 2016.10~2017.10 |  | 14/120 | 17500 | 36250 |

③双倍余额递减折旧法计算二手车的累计折旧额

年折旧率 $\gamma = \dfrac{2}{\text{预使用年限}} = \dfrac{2}{15}$

年折旧额 $A = D \times \gamma (1-\gamma)^{t-1}$,计算结果见表4-8。

表4-8 二手车累计折旧额(二)

| 年份 | 原值/元 | 年折旧率/元 | 年折旧额/元 | 累计折旧额/元 |
| --- | --- | --- | --- | --- |
| 2015.10~2016.9 | 150000 | 2/15 | 20000 | 20000 |
| 2016.10~2017.10 | 130000 | 2/15 | 15022 | 35022 |

5)计算二手车收购价值。根据前面三种不同折旧计算法,得出三种不同的二手车折旧额,由于从收购方的利益出发,应采用折旧额最大的一种计算方法来收购二手车,所以,该二手车收购价值为:

$$P' = P_0 - \sum A - P_W = 150000 \text{元} - 36250 \text{元} = 113750 \text{元}$$

式中 $P_W$——维修费用(由于该车车况良好,维修费用忽略不计)。

## 六、简单估算法

在二手车市场中,有比较简单的估价法则。简单地说,车况良好,没有水泡、火烧,没有发生钣金变形程度以上事故的车辆,最简单的算法,即第1年掉价20%,第2~5年每年掉价10%,第6年开始每年掉价5%左右(表4-9)。

表4-9 快速折扣率

| 年限 | 第1年 | 第2年 | 第3年 | 第4年 | 第5年 | 第6年 | 第7年 | 第8年 | 最低 |
| --- | --- | --- | --- | --- | --- | --- | --- | --- | --- |
| 成新率 | 8折 | 7折 | 6折 | 5折 | 4折 | 3.6折 | 3.2折 | 3折 | 1.5折 |

在评估中对合资品牌的大众化车型,可以采用以上方法对车辆进行初步估算,然

后结合车型的保值率、市场的畅销程度、车况等再加或减一个调整金额得出一个比较准确的评估值。

$$重置成本 = 新车指导价 - 优惠价$$

$$评估值 = 重置成本 \times 折旧率 + 调整金额 - 维修费用$$

**说明**：调整金额的得出需要评估师对二手车市场的充分了解，具有丰富的评估经验，不同的评估师由于经验不一样，得出的调整金额是有差异的。

根据市场的规律，在实际评估中国产车 3 年折旧 5 成，美韩法系车约 3.5 年折旧 5 成，德系车、日本车 5 年折旧 5 成。估算出收购价，实际上零售价会比这高一些。

例如，一辆 2014 年 10 月上牌的大众 1.4T 双离合自动版高尔夫，2017 年 10 月想出售，车况良好，无事故、无泡水、无调表。2017 年市场同款新车成交价为 15 万元，用"简单粗暴"法可以评出该车收购价格大约为：9 万元。

## 任务二　评估方法对比分析

二手车评估过程中，采用不同的价值评估方法，其结果是不同的，了解不同评估方法的区别与联系尤为重要。

### 一、价值评估的前提条件

二手车的价值评估是建立在一定的假设条件之上运用资产评估的理论和方法进行的。二手车价值评估的假设前提有继续使用假设、公开市场假设和破产清算（清偿）假设。

**1. 继续使用假设**

继续使用假设是指二手车将按现行用途继续使用，或转换用途继续使用。对这些车辆的评估，就要从继续使用的假设出发，而不能按车辆拆零出售零部件所得收入之和进行估价。

在确定二手车能否继续使用时，必须充分考虑如下的条件：

1）车辆具有显著的剩余使用寿命，而且能以其提供的服务或用途，满足所有者经营上或工作上期望的收益。

2）车辆所有权明确，并保持完好。

3）车辆从经济上和法律上允许转作他用。

4）充分地考虑了车辆的使用功能。

**2. 公开市场假设**

公开市场假设是指在市场上交易的二手车辆，交易双方彼此地位平等，双方彼此都获取足够市场信息的机会和时间，以便对车辆的功能、用途及其交易价值等做出理智的判断。

公开市场假设是基于市场客观存在的现实，即二手车辆在市场上可以公开买卖。不同类型的二手车，其性能、用途不同，新旧程度也不一样。在进行二手车评估时，按照公开市场假设处理或作适当调整，才有可能使车辆获得的收益最大。

#### 3. 清算（清偿）假设

清算（清偿）假设是指二手车所有者在某种压力下被强制进行整体或拆零，经协商或以拍卖方式在公开市场上出售。这种情况下的二手车价值评估具有一定的特殊性，二手车的评估价会大大低于继续使用或公开市场条件下的评估值。

上述三种不同假设形成三种不同的评估结果。在继续使用假设前提下要求评估二手车的继续使用价值；在公开市场假设前提下要求评估二手车的市场价值；在清算假设前提下要求评估二手车的清算价值。因此，二手车鉴定估价人员在业务活动中要充分分析了解、判断认定被评估二手车最可能的效用，选择最佳的评估方法，以便得出二手车的公平价值。

### 二、重置成本法与收益现值法对比分析

重置成本法与收益现值法的区别在于：前者是历史过程，后者是预期过程。重置成本法比较侧重对车辆过去使用状况的分析。尽管重置成本法中的更新重置成本是现时价值，但重置成本法中的其他许多因素都是基于对历史的分析，再加上对现时的比较后得出结论的。如有形损耗就是基于被评估车辆的已使用年限和使用强度等来确定的。由此可见，如果没有对被评估车辆的历史判断和记录，那么运用重置成本法评估车辆的价值是不可能的。

与重置成本法比较，收益现值法的评估要素完全是基于对未来的分析。收益现值法不必考虑被评估车辆过去的情况怎样，也就是说，收益现值法从不把被评估车辆已使用年限和使用程度作为评估基础。收益现值法所考虑和侧重的是被评估对象未来能给予投资者带来多少收益。预期收益的测定，是收益现值法的基础。一般而言，预期收益越大，车辆的价值越大。这符合营运环境变好，营运车价值上涨的变化规律。

### 三、重置成本法与现行市价法对比分析

理论上讲，重置成本法也是一种比较方法。它是将被评估车辆与全新车辆进行比较的过程，而且，这里的比较更侧重于性能方面。比如，评估一辆二手车时，首先要考虑重新购置一台全新的车辆时需花多少成本，同时还需进一步考虑二手车的陈旧状况和功能、技术情况。只有当这一系列因素充分考虑周到后，才可能给二手车定价。而上述过程都涉及与全新车辆的比较，否则就无法确定二手车的价值。

与重置成本法比较，现行市价法的出发点更多地表现在价值上。由于现行市价法比较侧重价值分析，因此对现行市价法的运用便十分强调市场化程度。如果市场很活跃，参照车辆很容易取得，那么运用现行市价法所取得的结论就会更可靠。现行市价法的这种比较性，相对于重置成本法而言，其条件更为广泛。

运用重置成本法时，也许只需有一个或几个类似的参照车辆即可。但是运用现行市价法时，必须有更多的市场数据。如果只取某一数据作比较，那么现行市价法所做的结论将偏离实际，评估结论肯定受到怀疑。

### 四、收益现值法与现行市价法对比分析

如果说收益现值法与现行市价法存在某种联系，那么这一联系就是现行市价法与收益现值法的结合。通过把现行市价法和收益现值法结合起来评估车辆的价值，在二手车市场交易发达的国家应用得相当普遍。

从评估观点看，收益现值法中任何参数的确定，都具有人的主观性。因为预期收益、折现率等都是不可知的参数，也容易引起争议。但是这些参数在运用收益现值法评估车辆价值时必须明确，否则收益现值法就不能使用。然而，一旦从估计上来考虑收益现值法中的参数，那么这就涉及估计依据问题。对这样的问题，在市场发达的地方，解决的方式便是寻求参照车辆，通过选择参照车辆，进一步计量其收益折现率及预期年限，然后将这些参照车辆数据比较有效地运用到被评估车辆上，以确定车辆的价值。

把收益现值法和现行市价法结合起来使用，其目的在于降低评估过程中的人为因素，更好地反映客观实际，从而使车辆的评估更能体现市场观点。

### 五、清算价值法与现行市价法对比分析

清算价值法与现行市价法，都是基于现行市场价值确定车辆价值的方法。所不同的是，利用现行市价法确定的车辆价值，如果被出售者接受，而不被购买者接受，出售者有权拒绝交易。但利用清算价值法确定的清算价值，若不能被买方接受，清算价值就失去意义。这就使得利用清算价值进行的评估，完全是一种站在购买方立场上的评估，在某种程度上，这可以被认为是一种取悦于购买方的评估。清算价值法评估价值将大大低于现行市价法。

### 六、折旧法和重置成本法对比分析

折旧法和重置成本法都是从二手车"损耗"的角度出发评价二手车价值的，但二者是有很大区别的，主要体现在以下几个方面：

**1. 规定使用年限与规定折旧年限的含义不同**

规定使用年限不同于规定折旧年限。规定使用年限由《汽车报废标准》确定，是

一个全国统一的标准。规定折旧年限是企业对某一类资产做出会计处理的统一标准，是一种高度政策化数字，对于该类资产中的每一项资产虽然具有普遍性、同一性和法定性，但不具有实际磨损意义上的个别性或特殊性。实际上，折旧年限表现为以下几个方面的特征：

①折旧年限是一个平均年限，对于同一类型中的任何一项资产均适用。

②它是在考虑损耗的同时，又考虑社会技术经济政策和生产力发展水平，有时甚至以它为经济杠杆，体现对某类资产鼓励或限制生产的政策。

③它是以同类资产中各项资产运转条件均相同的假定条件为前提的。这种情况下，同类型的资产，无论其所在地如何，维护情况、运行状况如何，均适用同一的折旧年限。

④折旧年限是一个预计使用年限。预计使用年限是指固定资产预计经济使用年限，通常短于固定资产的物质使用年限。在预计时应同时考虑有形损耗和无形损耗，在科技进步迅猛的现代社会，产品更新换代快，无形损耗有时会大于有形损耗。因此，企业应结合本企业的具体经营规模和经营效益等情况，合理地确定固定资产的折旧年限。

在二手车估价中，鉴定估价人员可根据估价目的合理地确定折旧年限，一般可用《汽车报废标准》中规定的使用年限代替预计使用年限。

**2. 两者的损耗含义不同**

折旧是由损耗决定的，但折旧并不完全是真正意义上的实际磨损，而是企业根据国家有关规定，结合本企业的具体经营规模和经营特点等情况，在确定的固定资产折旧年限内，分摊固定资产原值而计提的折旧额。根据《企业会计准则—固定资产》的规定，对入账的固定资产，不管企业使用与否都应计提折旧。因此，折旧是高度政策化了的损耗。

二手车实体有形损耗是指二手车在存放和使用过程中，由于自然力的作用而发生的损耗，是真正的实体磨损。

**3. 折旧额与实体性贬值意义不同**

折旧额是会计账面上根据固定资产的原始价值和预计使用年限，按照选择的折旧方法合理地分摊固定资产的应提折旧总额。年限折旧法计算的折旧额与固定资产的实际使用强度没有联系。实体性贬值是由于实体磨损而带来的贬值，不同于折旧额，不能用账面上累计折旧额代替实体性贬值。实体性贬值可以通过折旧得到补偿。在车辆使用过程中，价值的运动依次经过价值损耗、价值转移和价值补偿，折旧作为转移价值，是在损耗的基础上确定的。

**4. 重置成本法中成新率的确定与折旧年限确定的基础损耗意义不同**

确定折旧年限的损耗包括有形损耗（实体性损耗）和无形损耗。而评估中确定成新率的损耗，包括实体性损耗、功能性损耗和经济性损耗。其中，功能性损耗只是无形损耗的一种形式，而不是无形损耗的全部。优点：计算方法简便，适用范围最广泛；缺点：忽略了某些固定资产在不同期间使用的强度的不均衡性所导致不同期间固定资产有形损耗程度的差异。

### 七、价值和价格的区别与联系

价格是商品同货币交换比例的指数，或者说，价格是价值的货币表现。价值是商品的交换价值在流通过程中所取得的转化形式。商品价格和商品价值既有联系又有区别。

价值（value）和价格（price）之间的关系及本质区别是：价值是物的真实所值，是内在的，是相对客观和相对稳定的，是价值的波动"中心"；价格是价值的外在表现，围绕着价值而上下波动，是实际发生、已经完成并且可以观察到的事实，它因人而异，时高时低。现实中由于定价决策、个人偏好或者交易者之间的特殊关系和无知等原因，时常会出现"低值高价"或者"高值低价"等价格背离价值的情况。因此，为了表述上更加科学、准确，也为了与国际上通行的估价理念、理论相一致，便于对外交流沟通，应当指出估价本质上是评估价值而不是评估价格。

对于具体资产评估来说，评估是对资产价值的评估，是资产评估价值的质的规定。当然资产评估价值是该资产在特定条件下的价值，其价值的含义随着条件的不同而具有不同的量值。任何评估结果都是有条件的，不同的市场条件，评估的目的及其价值的含义也是不同的。

二手车评估是资产评估的一种，所以要正确理解评估价值和价值的区别与联系。实际工作中二手车价值受到市场等外界因素影响很大，但又是围绕价值而变动。在二手车交易过程中，由于交易双方的个人偏好与需求、投资策略、市场经验等原因，常常会出现价值与价格相背离的情况，所以不能用交易价格来评估价值的正确与否。

## 【复习题】

1. 2012年2月花28万元购置一辆日产天籁轿车作为私家用车，于2017年10月在本地旧机动车市场交易，该车初次登记日期为2012年2月，累计行驶9.0万千米，使用条件一般，维护一般，技术状况鉴定为一般，2017年该车的市场新车价格为25万元，试用综合分析法评估该车的价格。

2. 有一辆1.6L骐达轿车，用作私家车，初次登记日期为2013年9月，该车新车最低包牌价为15万元，经检查该车左后侧有轻微碰撞修复痕迹，前、后保险杠有喷漆痕迹，底盘中有多处严重划伤，行驶路况很不好。排气管中、后段生锈，空调制冷需补充制冷剂，维护保养一般，技术状况鉴定为一般。试用综合分析法求该车2015年9月的价值。

# 项目五　二手车交易

## 任务一　二手车收购

开二手车店比较容易，只要有足够的资金、场地、人员，到工商局申领营业执照就可以营业。那么问题来了，销售的产品从哪来，二手商品和销售其他产品完全不一样，没有专门的供货商，如果没有车源就容易导致无车可卖。

### 一、二手车商的收车渠道

1) 直接到市场里来卖车的车主。有部分车主认为到4S店的置换价格低，或不是置换的车主就直接开到二手车市场来卖。

2) 朋友介绍，修理厂介绍，外地中介介绍。

3) 二手车商同行之间批发，特别是经济比较落后的地区，销售的高端品牌二手车的主要来源为来自发达城市同行的批发，比如广西的很多二手车商，会到广东、浙江、四川批发高端品牌二手车，这是高端品牌二手车的一个主要来源渠道。

4) 各大交易网站。通过搜寻二手车交易网站个人发布售车信息，邀约车主见面把车卖给二手车商。

5) 4s店置换车。和各大汽车4S店建立关系，4S店置换的车辆是二手车商的来源渠道之一。

### 二、哪些车不能收

1) 已报废或者达到国家强制报废标准的车辆。

2) 在抵押期间或者未经海关批准交易的海关监管车辆。

3) 在人民法院、人民检察院、行政执法部门依法查封、扣押期间的车辆。

4) 通过盗窃、抢劫、诈骗等违法犯罪手段获得的车辆。

5) 发动机号、车辆识别代号或者车架号码与车辆登记证书不相符，或者有凿改迹象的车辆。

6) 走私、非法拼（组）装免税或赠予的车。

7）不具法定证明、凭证的车辆。

8）其他国家法律、行政法规禁止经营的车辆。

## 任务二 二手车销售

### 一、二手车拍照上线集客

收购到店的二手车，经过检测、整备、清洁到销售，展厅展示的车辆客户能很直观地了解到商品成色，而在互联网自媒体上通过信息发布来引流集客，很重要的一环就是如何拍一张能真实反映车辆情况的好照片，提高商品曝光度，吸引消费者来店赏车，让消费者认可公司品牌与商品。所售的每辆二手车是一个特别重要同时也是特别好的宣传载体，照片的拍摄显得尤为重要。

拍摄的时候选正面、后面、侧面、侧前方、侧后方、车前排座椅、车后排座椅、仪表、发动机舱等五大角度9张照片。通过这五个方位将整个车辆很好的呈现。

第一张，正面照

正面照主要展示整车LOGO、前脸、正面美感（图5-1）。

第二张，后面照

后面照展示车辆尾部造型、尾灯、排气管，特别是双排气管的能很好展示出来（图5-2）。

图5-1 正面照

图5-2 后面照

第三张，侧面照

侧面照主要展示车辆侧身线条，特别是流线型、运动车型（图5-3）。

第四张，侧前方45°照

右斜45°角，停止后向左旋转到底，展示左侧面车身与轮胎信息（图5-4）。

图5-3 侧面照

项目五 二手车交易

**第五张，侧后方 45°照**（图 5-5）

侧前、后方拍摄时，露出轮毂，显得更加犀利

图 5-4　侧前方 45°照　　　　　图 5-5　侧后方 45°照

**第六张，前排座椅**

前排座椅展示车内转向盘、中控台、前排座椅、前排驾驶空间（图 5-6）。

图 5-6　前排座椅照

**第七张，仪表**

展示仪表信息，重点是里程数透明公开（图 5-7）。

**第八张，后排座椅**

展示后排座椅，乘坐空间（图 5-8）。

图 5-7　仪表照　　　　　图 5-8　后排座椅照

**第九张，发动机舱**

展示车辆发动机舱结构、整洁度、规整度（图5-9）。

## 二、二手车门店销售

二手车的销售和新车几乎一样，包括客户开发（线上、线下集客）、售前准备（主要是车辆清洁、美容）、客户接待、需求分析、产品介绍、试驾车辆、协商成交、交车、售后关怀等环节。

二手车销售必须要有产品体验中心，也就是门店。客户只有体验过产品后才会出手购买。

图5-9 发动机舱照

## 三、二手车置换（4S店）

随着我国汽车产业的快速发展，汽车保有量越来越多，同时人们对汽车的需求也越来越多样化，汽车置换作为汽车交易的一种方式逐渐显示出满足人们需要的优越性和调节汽车流通的重要作用。

**1. 汽车置换的定义**

从国内正在操作的汽车置换业务来看，对汽车置换的定义有狭义和广义的区别。从狭义上来说，汽车置换就是以旧换新业务。经销商通过二手商品的收购与新商品的对等销售获取利益。目前，狭义的置换业务在世界各国都已成为流行的销售方式。而广义的汽车置换概念则是指在以旧换新业务基础上，还同时兼容二手商品整新、跟踪服务及二手商品在销售乃至折抵分期付款等项目的一系列业务组合，从而使之成为一种独立的营销方式。国内各地的二手车市场虽然起步较晚，但目前的交易规模已经相当可观，狭义置换业务也得到长足的发展；广义的置换业务在国内尚处于萌芽状态，亟待各方面的关心和扶持。

**2. 国内主要汽车置换商简介**

过去，由于用户对车辆残值和二手车交易行情缺少了解，且缺乏规范、有公信力的专业技术评估手段，导致二手车交易障碍重重，市场发展不够规范。2004年品牌二手车的兴起，成为二手车市场的一个亮点。具有原厂质量保证的二手车认证和置换服务，为消费者提供了车辆更新和购置的新选择。继上海通用汽车率先进入二手车领域后，上海大众、一汽大众等厂家也纷纷进军二手车市场。

**（1）上海通用"诚新二手车"** 上海通用汽车是国内较早涉足品牌二手车领域的汽车制造商，在服务经验、规范化程度以及开展的业务等方面比较领先，其"诚新二手车"品牌已逐渐成为二手车市场的标杆。目前开展的业务主要还是新车置换，但是业务开展深度较强，认证二手车数量较多，可以在全国范围内开展整备后二手车的销售。2004年，上海通用汽车开始将中国第一个二手车品牌全面升级，由原来的"别克诚新二手车"升级为"上海通用汽车诚新二手车"。

（2）一汽大众认证二手车　相比上海通用，一汽大众进入二手车领域较晚。2004年8月28日，一汽大众认证二手车首批样板店举办了开业典礼，宣布进军二手车业务。相比前者来说，经验和方式等多样性方面不够理想，但也逐渐开展了拍卖等销售方式。首批样板店是一汽大众从全国347家特许经销商当中选取了13个城市的16家信誉较好的经销商，以保证能够赢得良好的口碑。

（3）上海大众特选二手车　上海大众集团早在2003年11月就推出了自己的二手车交易品牌——上海大众特选二手车。它在发展的形势方面和一汽大众认证二手车基本相同。上海大众在20年的时间里累计销售出287万辆汽车，目前保有量达到230多万辆，是国内汽车品牌中最大保有量的拥有者，车源和用户丰富也是上海大众进行二手车交易（包括旧车置换业务）的优势。

**3. 国内主要汽车置换运作模式**

（1）我国汽车置换模式　从国内的交易情况来看，目前在我国进行的汽车置换有3种模式。

1）用本厂旧车置换新车（即以旧换新）。如厂家为"一汽大众"，车主可将旧捷达车折价卖给一汽大众的零售店，再买一辆新宝来。

2）用本品牌旧车置换新车。如品牌为"大众"，假设拥有一辆旧捷达的车主看上了帕萨特，那么他可以在任何一家"大众"的零售店里置换到一辆喜欢的帕萨特。

3）只要购买本厂或本厂家的新车，置换的旧车不限品牌。国外基本上采用的是这种汽车置换方式。上海通用汽车诚新二手车开展的就是这种汽车置换模式，消费者可以用各种品牌的二手车置换别克品牌的新车。

如果考虑买车人的选择余地和便利程度，当然是第3种方式最佳。不过，这种方式对厂商和经销商而言非常具有挑战性。这是因为：中国的车主一般既不从一而终地在指定维修点维护修理，也不保留车辆的维修档案，车况极不透明；再者，不同品牌、不同型号的车在技术和零部件上千差万别；而且对于个别已经停产的车型，更换零部件将越来越麻烦。

此外，我国也出现了委托寄卖等置换新模式。我国的委托寄卖主要分为：一是自行定价型，即是由消费者自行定价，委托商家代卖，等到成交后再支付佣金；二是二次付款型，它是由商家先行支付部分费用，等到成交后再付余款，佣金以利润比例来定；三是周期寄卖型，其方式是由商家向车主承诺交易周期，车价由双方共同确定，而佣金则以成交时间和成交金额双重标准来定。

车辆更新对于车主来说，是一个烦琐的过程。首先要到二手车市场把车卖掉，这其中要经历了解市场行情、咨询二手车价值、与二手车经纪公司讨价还价直至成交、办理各种手续和等待回款，至少要几天。等拿到钱后再到新车市场买新车，又是一番周折。对于车主来说，更新一部车比买新车麻烦得多。在生活节奏日益加快的今天，人们期盼能有一种便捷的以旧换新业务，使他们在自由选择新车的同时，可以很方便地处理要更新的旧车。因此，具有汽车置换资质的经销商作为中介的重要作用就显现出来。

（2）**汽车置换授权经销商** 汽车置换授权经销商是我国汽车置换运作的中介主体。汽车置换授权经销商的车辆置换服务将消费者淘汰旧车和购买新车的过程结合在一起，一次完成甚至一站完成，为用户解决了先要卖掉旧车再去购买新车的麻烦。我国汽车置换授权经销商的汽车置换服务一般具有以下特点。

1）打破车型限制。与以往的一些开展汽车置换的厂家或品牌专卖店不同，汽车置换授权经销商对所要置换的旧车以及选择购买的新车，都没有品牌及车型的限制，可以任意置换。汽车置换授权经销商采用汽车连锁超市的模式经营新车的销售，连锁超市中经营的汽车品牌众多，可以满足消费者的不同需求，也可根据顾客的要求，到指定的经销商处，为顾客购进指定的车辆，真正做到了无品牌限制的置换。

2）让利置换，旧车增值。汽车置换授权经销商将车辆置换作为顾客购买新车的一项增值服务，与顾客将旧车出售给二手车经纪公司不同，汽车置换授权经销商通常是以二手车交易市场二手车收购的最高价值甚至高出的价值，确定二手车价值，经双方认可后，置换二手车的钱款直接冲抵新车的价值。

汽车置换授权经销商有自己的二手车经纪公司，同时与二手车交易市场中的众多经纪公司保持联系，保证市场信息渠道的畅通，以及使所置换的旧车能够有快速的通路。车况较好的旧车，汽车置换授权经销商经过整修后，补充到租赁车队中投放低端租车市场，用租赁收入弥补旧车的增值部分后，到二手车市场处置；或者发挥汽车置换授权经销商租车网络优势，租赁运营。

3）"全程一对一"的置换服务。汽车置换授权经销商汽车连锁销售提供的车辆置换服务，是一种"全程一对一"的服务模式。由于汽车置换授权经销商的业务涉及汽车租赁、销售、汽车金融以及二手车经纪，因此顾客在汽车置换授权经销商处选择置换的购车方式后，从旧车定价、过户手续，到新车的贷款、购买、保险、牌照等过程都由汽车置换授权经销商公司内部的专业部门完成，保证了效率和服务水准。

4）完善的售后服务。在汽车置换授权经销商处通过置换购买的新车，汽车置换授权经销商将提供包括保险、救援、替换车、异地租车等服务在内的完善的售后服务。对于符合条件的顾客，汽车置换授权经销商还提供更加个性化的车辆保值回购计划，使顾客可以无须考虑再次更新时的车辆残值，安心使用车辆。

### 4. 汽车置换质量认证

汽车置换中一个最重要、最容易引起争议的问题就是置换旧车的质量问题。和新车交易相比，二手车市场存在很多不透明的地方，二手车评估本身就比较复杂，加上二手机动车交易又是"一旦售出，后果自理"，所以在购买二手车的时候，大部分的消费者并不信任卖家。为了保障交易双方权益、减少纠纷，国外汽车厂商从20世纪90年代就开始对汽车进行质量认证，我国的汽车厂商也从这两年开始进行这一业务。汽车厂家利用自己的技术、设备、人员以及信誉优势，对回购的二手车进行检测、修复，给当前庞大的二手车消费群体提供"放心车""明白车"，即使价值高于其他市场上的二手车，消费者也认为值得。同时，汽车厂家介入二手车市场也为规范二手车市场、降低交通安全隐患带来积极影响。

(1) **认证的基本概念** 经汽车厂商授权的汽车经销商将收上来的该品牌二手车进行一系列检测、维修之后，使该车成为经品牌认证的车辆，销售出去之后可以给予一定的质量担保和品质保证，这一过程通称为认证。

二手车认证方案的开展是市场对二手车刮目相看的首要原因，现在已经得到广泛的支持，很多汽车生产厂家还针对二手车推出一些令人鼓舞的消费措施。目前，认证方案项目一般包括：合格的质量要求、严格的检测标准、质量改进保证、过户保证以及比照新车销售推出的送货方案，一些大公司开展的认证还包括提供与新车一样利率的购车贷款。通过认证，顾客和经销商双方都从中得到了实惠。首先顾客购买二手车的心态更加趋于平和，相应地，经销商也实现了认证车辆的溢价销售。而且，顾客再不会有车刚到手就发生故障的经历，经销商也不必再面对恼怒顾客的争吵。

(2) **我国的二手车认证** 我国二手车认证主要是在一些合资企业中开展，这其中以上汽通用公司和一汽大众公司为代表。

1) 上汽通用公司的二手车认证。上汽通用汽车认证的二手车要经过多道程序的严格筛选。首先，认证的二手车有自己统一的品牌，是和诚信谐音的"诚新"。能通过认证，并打上这个牌子的二手车要达到以下条件：首先是无法律纠纷，非事故车，无泡水经历；其次使用不超过5年，行驶10万km以内；原来用途不是用于营运和租赁。

上汽通用的二手车认证有106项检验项目，这106项检验要进行2次，进场时进行第一次检验，整修后还要进行一次检验。106项检验主要包括车身、发动机、电气、底盘、内饰、制动等6大类，基本囊括了整个汽车的零配件。通过筛选的二手车，经过整修，再进行106项检测，全部合格后才能获得上汽通用公司的认证书。经认证过的二手车出售后能获得半年、1万km的质量保证，在质保期间，如果车辆出现质量问题，客户可以在全国联网的品牌专业维修店获得免费修理和零配件更换。

2) 一汽大众的二手车认证。一汽大众的二手车认证有138项检测标准，包括：发动机（检查压缩比、排放、点火正时等11项）；离合器（离合器线束调整、噪声检测等5项）；变速器（变速器各档位操控性、变速器油位等8项）；悬架（减振器泄漏等5项）；传动系（差速器泄漏和噪声等4项）；转向系（转向齿条等7项）；制动系（制动蹄片磨损情况等8项）；制冷系（管道泄漏等4项）；轮胎轮辋（前轮定位等5项）；仪表（仪表灯亮度等15项）；灯光系统（车内外灯光光线、报警灯等10项）；电子电器（蓄电池、各种熔断器等8项）；车辆外部（刮水器胶皮磨损等7项）；车辆内部（座椅、杯架、后视镜等9项）；空调（气流、风向等6项）；收音机及CD（播放器、扬声器等3项）；内饰外观（各种塑料件、装饰件等3项）；车身及漆面（破裂、刮蹭等5项）；完备性（备胎、说明书等7项）；最终路试（操控性、循迹性等11项）。

**5. 汽车置换的服务程序**

汽车置换包括旧车出售和新车购买两个环节。不同的汽车置换授权经销商对汽车置换流程的规定不完全一样。国内一般汽车置换程序为：

1）顾客通过电话或直接到汽车置换授权经销商处进行咨询，也可以登录汽车置换授权经销商的网站进行置换登记。

2）汽车评估定价。

3）汽车置换授权经销商销售顾问陪同选订新车。

4）签订旧车购销协议以及置换协议。

5）置换旧车的钱款直接冲抵新车的车款，顾客补足新车差价后，办理提车手续，或由汽车置换授权经销商的销售顾问协助在指定的经销商处提取所订车辆，汽车置换授权经销商提供一条龙服务。

6）顾客如需贷款购新车，则置换旧车的钱款作为新车的首付款，汽车置换授权经销商为顾客办理购车贷款手续，提供因汽车消费信贷所产生的资信管理服务，并建立个人资信数据库。

7）汽车置换授权经销商办理旧车过户手续，顾客提供必要的协助和材料。

8）汽车置换授权经销商为顾客提供全程后续服务。

在汽车置换中，新车可选择仍使用原车牌照，或上新牌照，购买新车需交钱款：新车价值－旧车评估价值，如果旧车贷款尚未还清，可由经销商垫付还清贷款，款项计入新车需交钱款。

## 任务三　二手车提档过户

### 一、办理二手车过户的必要性

办理二手车过户可以从法律上完成车辆所有权的转移，保障车辆来源的合法性，如避免买到走私车和盗抢车等，同时明确了买卖双方与车辆相关的责任划分，如债务纠纷、交通违法等，确保了买卖双方的合法权益。

**1. 过户需要的手续**

**卖方**：车主身份证、车辆登记证书、车辆行驶本、购车原始发票（如果之前过过户就是过户票）。卖方是单位则需要组织机构代码证书原件及公章。

**买方**：身份证，外地人上当地牌照另需有效期内居住证。买方是单位则需要组织机构代码证书原件及公章。

**双方**：签订二手车买卖合同。带齐以上所有手续，到二手车过户大厅办理。

**2. 收费标准**

二手车公平价格过户费主要按排量、年份进行收取。根据轿车、越野车、客车、货车等车辆类型以及不同排量范围、载重量范围等类别的不同，采取不同的收费标准。

**3. 注意事项**

（1）办理二手车过户的条件　有合法来源和手续、无遗留银行质押和法院封存记录、无遗留交通违章和未处理事故记录、无遗留欠费记录、所有证件齐备。

（2）二手车过户前的准备

①开具交易：缴纳二手车交易税。

②车辆外检：将车开到过户验车处，车辆进行检查、拓号、拆牌和照相，需缴纳10元的拓号费。领取车辆照片，贴于检查记录表上。这些办完后，可以将车停到停车场，进入过户大厅办理归档手续。

③车牌选号：取号机取号之后，拿着相关材料排队缴纳过户费。另外，过户费各个交易市场略有不同。

④转移迁出：需要的材料包括机动车注册、转移、注销登记表/转入申请表，检查记录表，原登记证，原行驶证，原车主身份证，原车牌号，车辆照片，交易市场过户发票。

## 二、交易流程

将车开到市场，由旧机动车经营公司为其代理完成过户程序：评估—验车—打票。买卖双方需签订由工商部门监制的《旧机动车买卖合同》，合同一式三份，买卖双方各持一份，工商部门保留一份。经工商部门备案后才能办理车辆的过户或转籍手续。

等评估报告出来后，开始办理过户手续。办理好的过户凭证由买方保留，卖方最好也保留一份复印件，以备日后不时之需。

> **签订合同需要注意**

**1. 明确相关事项**

在签订二手车过户合同时,特别要注意合同上的字眼,诸如违约责任、相关手续费用的问题;另外对于交易过程中买卖双方确定好的相关事项,需要在合同上以文字形式体现出来。这样,可以有效提防可能出现在合同里面的隐含条款和免责条款。

**2. 谨防文字游戏**

初次买卖工手车的人由于对二手车交易流程以及相关的知识不是很了解,所以很容易进入盲区,如果签署的二手车买卖协议描述含糊不清,那么到时候出了事就只能自己吃哑巴亏。

如在办理有关手续时,发现车辆有盗抢记录或扣车记录或写着"按购车款及维修费退回总款数,以实际数及单据为准。"这里对"按购车款及维修费退回总款数,以实际数及单据为准"的说明,就是一个文字游戏,就极易在退款依据及退款实际数额方面让人产生误解。

## 三、二手车过户的基本流程

### 1. 基本流程

①旧机动车交易签订由工商部门监制的旧机动车买卖合同,双方各持一份,经工商部门备案,方能办理车辆变更或转籍。应注意证件是否齐全,是否与车主身份证一致。如有不符,应当由原车主提前变更。

②合同签订后开具旧机动车交易发票,相关费用的承担由买卖双方协商决定。

③持旧机动车交易发票和旧机动车买卖合同前往车管所办理车辆行驶、登记证的变更或转籍。特别要注意交易车辆有无违章或未处理的事故。

④持已经变更的登记证、车辆行驶证,前往购置附加费大厅办理购置费的变更或转籍。

根据税法规定,车辆、船舶发生过户、迁移的,应于发生过户、迁移之日起30天内,携带当年度的纳税凭证、"机动车行驶证""机动车登记证书"分别到迁出地和迁入地主管地税机关办理涉税事宜。而当年度未缴纳车船税(或以前年度有欠税)的,须完税后再办理相关涉税事项。

### 2. 外迁过户的办理

**(1) 办理注意事项**

①买方是外地个人且车辆需落户当地的,需办理当地居住证;车辆户主持居住证

的，办理过户、提档时需要提供原居住证（过期的补领）。

②《机动车辆登记证书》（2001年10月以前挂牌、过户的车辆无此证书，过户前需申领登记证书。丢失补领登记证书的需要车主本人到场）。

③过户车辆必须具备合法手续，分期付款购买的车在解除抵押之前，以及有经济纠纷等问题的车是不能过户的；需要先还清贷款，解除抵押。

④过户车辆必须要开到现场，而且在年审有效期内。

⑤车辆过户后，车辆的保险和购置税（小档）也需要变更。本市过户只变更保险，购置税不用变更。

⑥除带有营运证手续的蓝牌货车过户不需换车牌以外其他小型蓝牌车辆过户时必须更换车牌，原有车牌只有原车主才能使用但前提是此车牌必须使用满3年。

（2）不予以过户的车辆

①凡是未上"交强险"的车辆，不能办理过户。

②未经批准擅自改装、改型及变更载货重量、乘员人数的。

③申请车主无法代理原车主办理过户手续。

④违章、肇事未处理结案的或公安机关对车辆有质疑的。

⑤未参加定期检验或检验不合格的。

⑥走私、海关监管、盗窃的汽车无法过户。

⑦人民法院通知冻结或抵押未满的。

⑧营转非到达报废年限的或在1年时间内将达到报废年限的。

⑨对于迁出和迁入的二手车，未达到当地要求标准的不能过户。

⑩也的确存在一些特殊原因造成了正规车的无法过户，如老旧破车多次转手没有办理过户，如今已经找不到原车主了。

（3）异地转户手续

①先确认本地的车管所接不接受你准备购买的车型，比如有些城市不接受年限过长的车等。

②到购买地购入二手车，通常要求对方包提档。提档时就必须提供将来要上户的新车主的身份证明，即提档时就定了这车要上户给谁。提档内容：车管所的原始档案、购置税档案、养路费转籍证明和最后一次交费凭据、车船税缴费凭据。当地交易的如果交了交易税，一定要把交易发票带回来。对方交付所有档案并核对清楚之前，记得一定要留些余款，待交割清楚后再付清。原来的保险如果还有效，要求对方过好户。有些公司的保险是可以办理转籍的，转回来交要方便得多。如果原来保险已过期，记得买个临时保险，管路上的时间就够了。

③回来先把档案投到本地车管所进行审查，审查合格后即可开始上户。上户的必需资料有：车辆原始档案及机动车登记证书、购置税附页（通常在购置税的档案袋里，先去本地购置税管理处拆档拿出来再重新封档）、保险单（至少有三责险）、车主身份证明。先填表进行盗抢查询，后面验车上牌就简单了。

④上好牌后凭新的行驶证、交易发票、相关转籍资料到购置税管理处办理购置税转籍过户，到养路费征稽处办理养路费转籍过户。

⑤需要提请原件的证明文件和资料要先复印：

- 身份证原件，复印件四张（上牌、购置税、保险）。
- 保险单原件，复印件二张（上牌、保险）。
- 交易发票原件，复印三张（购置税、保险）。
- 新行驶证原件，复印三张（购置税、保险）。

⑥二手车过户费用：主要是二手车交易税。交易税各地不同，比如安徽，要按发票上的购置价交税，一般是按交易价格计税。

**3. 二手车过户具体办理流程**

（1）在车辆归属地办理的流程

①由原车主结清所有费用。

②在外地做好交易手续，要有二手车交易发票，车辆登记证书上变更为买方的名字。

③到车管所提档案，会发一个临时车牌。

④到国税局办购置税转出，会有一包封好的档案袋。

⑤到养路费缉征所办一个养路费通知单。

（2）在上牌地办理的流程

①把档案袋、车辆登记证、车主身份证带到车管所，购买第三者责任险，填一张车辆转入表，排队。

②等车管所工作人员看完档案袋里的资料，若没问题就选号，然后给一张表去验车。

③验完车没问题就去年检站年检。

④年检完回到车管所领车牌和临时行驶证，把牌装上照完相，把相片送进去。

⑤临时行驶证快到期时，去车管所领正式行驶证，贴在玻璃上的年检标签和车辆登记证。

⑥正式行驶证拿到后，带上车辆购置税档案袋、车主身份证和私章、行驶证到本地国税局办车辆购置税转入。

⑦带上车辆登记证书、车主身份证、养路费通知单、二手车发票、行驶证到缉征所办手续，就可以在本地交养路费了。

### 4. 保险过户

二手车保险过户很简单，就是在二手车交易后，对车辆原保险批单进行受益人及车牌号进行变更。

（1）**二手车保险何时过户**　二手车保险过户需要在二手车交易过户之后，并且在办理好登记证车主信息变更，领取新的车辆号牌及行驶本之后。

二手车交易中不全是本地交易，在进行异地交易的前提下，二手车保险不一定非要进行过户，可以选择直接将保险退掉，但需要保留交强险（交强险在落户地上牌后也可以退掉重上）。

（2）**二手车保险过户必要条件**　机动车辆保险条款中规定，在保险有效期内，保险车辆转卖、转让、赠送他人或变更用途，被保险人应当书面通知保险公司并申请办理批改，否则保险公司有权拒绝赔偿。

随着二手车交易的增多，保险问题也时有发生。未经交警部门正式办理过户手续的二手车交易，本身就不受法律保护，也不被承认。所以在二手车买卖过程中，办理保险过户是重要的环节。同时二手车保险过户也能有效防止二手车诈骗的发生。

### 5. 私家车过户 4 要点

①车辆登记证书要有合法的钢印号、发动机号、登记日期，这都是需要特别关注的要点。除了要核实之外，还要注意是否有涂改痕迹，以避免交易陷阱。

②过户后未交税、免交税的车辆会被要求补齐购置税，这是一笔不小的支出，由谁来补交的问题一定要确定。

③保险过户应及时办清，以免索赔时产生不必要的麻烦。

④车辆本身属抵押车辆、被监管车辆是被禁止交易的。车辆信息可通过车管所查询。

### 6. 夫妻变更

相关法律规定，夫妻之间车辆变更手续是不需要发生任何费用的。新的 102 号令规定显示，夫妻间过户非常方便，只要带着结婚证或者户口本、行驶证、身份证，去车管所填写申请表办理即可。

具体来说，夫妻之间车辆变更手续需要双方本人均到场，并提交下列资料：

①变更前和变更后机动车所有人（夫妻双方）的身份证明（本市居民提交居民身

份证，在本市暂住的居民除身份证外还应提交公安机关核发的居住证明）原件和复印件。

②机动车登记证书。

③机动车行驶证。

④可以证明夫妻关系的《居民户口簿》或者结婚证。

将车开至即将成为车主一方的身份证明记载的住所地址所属车管所办理变更业务。

夫妻之间车辆变更手续办理后，车辆号牌不发生变化。

## 【复习题】

**简答题**

1. 简述二手车商的收车渠道。
2. 哪些二手车不能收？
3. 简述二手车提档过户所需手续？

# 附录　二手车鉴定评估与交易实战平台简介

二手车鉴定评估与交易实战平台可以实现二手车鉴定与评估及二手车网销两大业务版块的人才培养及技能训练，平台下细分为驷马先二手车数字化智能训练软件和驷马先二手车电商平台两款以二手车鉴定与评估和二手车网络交易平台为场景开发的教学实战模拟平台，在院校的实际教学过程中，教师可通过平台发布实训任务，引导学生以分组形式对车辆进行性能鉴定及价值评估。为了帮助职业院校减轻教学压力，提升学生学习质量，软件链接汽车后市场大数据，将互联网 + 大数据相结合，真正用到二手车鉴定与评估的实际应用中，提升专业人才培养质量。软件同时配有实训指导书辅助教师教学，做到二手车评估与网销的老师轻松教，学生轻松学。

## 一、平台特点

### 1. 产教融合，协同育人

（1）驷马先二手车数字化智能训练软件包含 APP 与 PC 端，是一款互联网软件产品，软件打破了原有的单机版软件的缺陷，将大数据应用导入到职业教育领域，打破了传统的教学模式，二手车教学步入 O2O 技能训练时代，将数字化手段和技能训练完美融合，提升职业院校二手车专业的教学效率，让学生可以更加高效地掌握二手车智能检测的方法和手段，让二手车教学专业技能性更强，并能对教学和专业设置起到引导作用。通过产教融合的方式，使学生可以更加系统化地掌握二手车评估与网销的技能，通过信息化、智能化、大数据化的技能训练后，专业水平和能力得以提升，为汽车互联网产业的发展提供大量的优质后备人才。

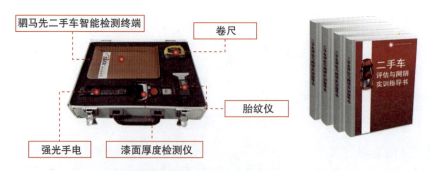

（二手车数字化智能训练软件和智能检测工具）

（平台实训教学）

（2）驷马先二手车电商平台是一款以国内主流的二手车互联网企业瓜子网、优信二手车、人人车的运营模式为蓝本，搭建二手策划售卖实战平台，学生在校就可以通过平台进行二手车电商体验，通过平台实现线上引流展示，线下实车检测，深刻体会二手车电商线上线下相融合的运营模式。同时，平台提供海量的实训资源库，并对汽车网络数据实时更新，确保与市场数据同步。

### 2. 大数据化

二手车数字化智能训练软件提供了配件数据库、维修履历数据库、车辆保险数据库、车价数据库、车款配置、违章记录数据库 6 个企业级的数据库做支撑，将教学与大数据完美的结合起来，进而使教学更加精准化、智能化。

### 3. 多元化

估车宝是一款依托行业标准和 1＋X 考核开发的一款平台化产品，功能设计采用模块化设计，配有完整的实训指导书，教学形式多种多样，教师可以根据自己的教学特点随机设置一体化信息教学课堂，形式多元，方便灵活。

## 二、平台任务逻辑简介

(1) **发布实训任务**：平台设计架构为 B/S 架构，不限登录方式，系统分为教学和实训两大平台，系统架构层级分为教师端、学生端、系统管理员 3 个使用权限，方便教师教学及教务管理。教师可以通过平台发布实训任务，学生通过平台接收实训任务并进行实训。

(2) **合法性检测**：对于二手车及相应所有者的证件及人车证三者的合法性进行检查，保证二手车可交易，无违法、违章等。

(3) **性能检测**：按照《二手车鉴定评估技术规范》中的规定静态评估分为车身检查、发动机舱检查、驾驶舱检查和车辆功能部件检查，发现有划痕、剐蹭、凹痕部位则通过拍照记录，形成专业的检测评估数据，最后依据实际检测数据对车况有一个全面了解，为车辆的价值评估提供可靠参考。

(4) **价值评估**：驷马先二手车数字化智能训练软件具有实时估价功能，可以通过系统自带的数据库进行区域和车辆的选择，通过对车辆的信息确定，选取合适的数据逻辑，预估二手车价格，为实现二手车交易提供议价标准。

(5) **二手车网销**：二手车数字化智能训练软件引导学生对车辆性能状况和价值评估完成实训后，针对车辆拍摄网销宣传视频进行市场推广，结合二手车电商平台则可在企业真实使用的电商平台完成交易。

# 参 考 文 献

[1] 明光星,刘国辉. 二手车鉴定与评估实用教程 [M]. 北京:机械工业出版社,2015.
[2] 吴兴敏,陈卫红. 二手车鉴定与评估 [M]. 北京:人民邮电出版社,2010.
[3] 贺展开. 二手车鉴定与评估 [M]. 北京:机械工业出版社,2012.

# 读者服务

机械工业出版社立足工程科技主业，坚持传播工业技术、工匠技能和工业文化，是集专业出版、教育出版和大众出版于一体的大型综合性科技出版机构。旗下汽车分社面向汽车全产业链提供知识服务，出版服务覆盖包括工程技术人员、研究人员、管理人员等在内的汽车产业从业者，高等院校、职业院校汽车专业师生和广大汽车爱好者、消费者。

## 一、意见反馈

感谢您购买机械工业出版社出版的图书。我们一直致力于"以专业铸就品质，让阅读更有价值"，这离不开您的支持！如果您对本书有任何建议或意见，请您反馈给我。我社长期接收汽车技术、交通技术、汽车维修、汽车科普、汽车管理及汽车类、交通类教材方面的稿件，欢迎来电来函咨询。

咨询电话：010-88379353　　编辑信箱：cmpzhq@163.com

## 二、课件下载

选用本书作为教材，免费赠送电子课件等教学资源供授课教师使用，请添加客服人员微信手机号"13683016884"咨询详情；亦可在机械工业出版社教育服务网（www.cmpedu.com）注册后免费下载。

## 三、教师服务

机工汽车教师群为您提供教学样书申领、最新教材信息、教材特色介绍、专业教材推荐、出版合作咨询等服务，还可免费收看大咖直播课，参加有奖赠书活动，更有机会获得签名版图书、购书优惠券。

加入方式：搜索QQ群号码317137009，加入机工汽车教师群2群。请您加入时备注院校+专业+姓名。

## 四、购书渠道

机工汽车小编
13683016884

我社出版的图书在京东、当当、淘宝、天猫及全国各大新华书店均有销售。

团购热线：010-88379735

零售热线：010-68326294　88379203